賢い子は作られる

妻として、母として、学習塾講師として
貫いた熱き想いの回顧録

伴 節己

吉備人出版

賢い子は作られる

妻として、母として、学習塾講師として
貫いた熱き想いの回顧録

まえがき

私が生きた昭和、平成、令和。時代はめまぐるしく大きく変わっていきました。敗戦の日本は貧しく、自給自足で日々の生活を支えながら、豊かさを求めて、人々はがむしゃらに働きました。画一的な部分はありましたが、寄り添いながら長年私自身を見失うことなく、妻として、母として、私の人生は多くの意味を膨らませながら今も続いています。

学校での教育は、必ず将来の幸せに繋がると信じられていました。そんな時代に生きた私は、ある時期より大手学習塾の先生、経営者として子供たち、学校の先生、地域の人たちと向き合っていくことになりました。

公立の教育が絶対と信じられていた中で、学習塾という新しい学びの場は、当時の義務教育現場の考え方や矛盾と何度も何度もぶつかることとなりました。そんなぶつかり合いが多分、全国各地であったことでしょう。しかし今、学校教育も昔とは大きく変わり、学習指導要領も何度となく改訂され、自由で個々の多様性を重んじる若い世代へと変わってきています。
私の学習塾から優秀な子供たちが数多く巣立ち、生徒募集や指導法で結果を残したことで、私は、はからずも、学習塾を経営する人たちの指導講座をさせてもらうことも多くありました。

七十歳を越した今、我が子も含めた、多くの子供たちの指導にかかわり、御家族、学校の先生とも交流することで、笑い、喜び、涙し、感動したことは、記憶の中できら星のように輝いています。もちろん、妻として、母として生きた思い出も数知れません。
そんな経験、体験がやがて消えてゆくのは淋しく残念でなりません。すべてを、書き残すことはできませんが、これから子育てをされる親御さん、教育に携わる方々に少しでも役に立つのではないかと、私の心の内を書き記すことにしました。拙文ではありますが、お読みくださり、何かを感じていただければ、これ以上ない幸せと存じます。

令和5年春

伴節己

目次

第1章

第2章

第3章

第1章

当時の夢　いつかはクラウン

ぼろぼろの官舎住まいの新婚時代、夢のまた夢と思っていたのが、高級車クラウンに乗りたいということでした。テレビのコマーシャルで「いつかはクラウン」という映像が流れるのをチラリと見て、私も「いつかは」という思いがずっと消えることはなかったです。あれから何十年！　その車に、今、私は乗っている。この車にはグレードがたくさんあって、一番のハイクラスがクラウンマジェスタ。本体価格だけで700万か……。いろいろなオプションをつけると高額になるなと考えました。でも、やっぱりマジェスタにしようと、夢を叶えたんです。それまでに、コロナ、マークⅡ、アルファロメオ、ルノーといろいろな車に乗ってきました。2台目のクラウンマジェスタが今の愛車です。プレート番号は「513」結婚記念日にちなんだ番号です。

いつかはクラウンの夢の実現。思えば50年、新婚生活から波乱万丈の半世紀でした。今クラウンのコマーシャルは「Discover　your　Crown」、時の流れを感じます。主人は警察官としての職務を全うして定年となり、第二の人生を歩いています。同じ志を抱いて警察学校に入校した仲間全員が無事に定年を迎えたわけではありません。長年、地域の治安のためによく頑張ったと、心から拍手を贈りたいです。

瑞宝双光章を天皇陛下より頂く

主人は警察人生の大半を刑事畑で過ごし、世間を震撼させるような凶悪事件の捜査にかかわってきました。その功績が高く評価されたのでしょう、退職から11年経った平成29年（2017）に瑞宝双光章を授章しました。この勲章は公務に長年たずさわり功労のあった者が授かる勲章です。

勲章受章

授賞が決まって息子の嫁は「伴家の誇りです」と喜んでくれました。夫婦で皇居に招待され、皇居では記念撮影もあり、緊張と感動との連続でした。夫婦生活も50年、金婚式を迎えて市のお祝いの会に招待され、楽しい一日を過ごさせてもらいました。夫婦がそれぞれに仕事を持ち、それぞれに頑張ってきた証のようにも思え、私は忙しいけれど幸せだった人生を振り返り、しばし昔に思いをはせました。

給料3万円の新婚生活

結婚当時主人の給料は3万円でした。官舎が空いていなくて、官舎が空くまではアパート生活になり、家賃1万円のアパートに入りました。

私の父がどうやって生活するんだと、ずっと心配していました。当然ですよ。給料3万円でそのうち1万円が家賃ですよ。昔から「一人口は食えぬが、二人口なら食える」と言われているじゃない。なんとかなるよ。父の言葉に耳を傾けない私でした。「おまえは昔からいいかげんなところがあるから」と苦笑いする父の声はなんとなく諦めたように聞こえたのを未だに覚えています。

その後官舎が空いたので入居されますか？　と連絡があり、二人でその官舎を見に行きました。新婚の二人が暮らすにはあまりにボロボロ、まるで掘っ立て小屋そのものだったのです。

ボロボロの官舎住まい

私の第一声が「えー、こんなぼろ家なの」。大声で言ったのですから、今度入ってくる人はどんな人かと外に出て見ておられた奥様方から鋭い視線を浴びせられたことは言うまでもありません。

どうしようかと悩んだ結果、給料3万円だから背に腹は代えられぬ、またいつ官舎に空きが出るかわからない。一度断ったら次はないかもしれず、入居することに決めました。

官舎は堤防の上にあり、旧日本陸軍の駐屯地で係留している船の管理のために陸軍が所有していた長屋を人が住めるように改造したものでした。改造したといっても何しろボロなのです。屋根は赤くさびたトタンで一間ほどの間口の玄関はガタガタのガラス戸。これがなかなか開かなくて困りました。

二間続きの6畳と4畳半、窓はなく、一日中電気をつけなければなりません。台所はセメントの小さな流しで一口ガスコンロが置けるほどのスペースしかなかったのです。なんだかわびしい新婚生活でした。

官舎での風呂当番

今では、考えられないんですが、その頃、官舎の人たちが入る共同風呂が少し離れた土手の上にあって、月に2回ほど、お風呂当番が回ってきます。「私が風呂をたくの?」って嫌そうなのが態度でわかったのか、またまた先輩奥様たちからの批難を受けてしまいました。

銭湯のような大きな風呂でセメント製でした。風呂当番は棒ずりで、浴槽や洗い場を入念に洗います。夏はいいんですが冬は寒くてふるえました。脱衣場も広くて、掃除は大変でした。でも、ここからが本番。石炭でお湯を沸かすので、煙突掃除をしないといけないんです。

そんなこんなで、風呂当番は一日がかりの大仕事。しかも、石炭は昼から火をつけないと、なかなか燃えてくれません。蒸気機関車を動かしていた人の苦労がわかります。天気の良い日はまだ風呂当番でも良かったのですが、雨の日は最悪、煙突掃除も大変。石炭は全く燃えない。もう泣き泣きやりました。石炭で真っ黒な顔をして頑張っても、「お湯が少ない」と文句ばかり言われました。

夜遅く官舎の全員がお風呂に入り、残り湯に入るんですが、ひざより下のお湯しか残っていないんです。しかも、冷えたお湯でなんともわびしい気持ちになっていました。南こうせつの「神田川」の歌が思い出されます。石鹸カタカタ鳴った……。洗い髪が芯まで冷えて……。長屋の官舎住まいにはなかなか馴染めなかったんですが、年配の方も入居されていたので文句は言えませんでしたね。公務員なのに、こんなひどい生活でした。恥ずかしいような昔の官舎、今はどうなんでしょうかね。

でも住めば都と言います。私もこんな官舎住まいを楽しもうと努力しました。

学生運動　真っただ中

新婚時代、主人は交番勤務でした。新任の警察官は全員交番勤務を経験させられるので、主人もその勤務に就いていていました。

全国的に学生運動が盛んで、安保反対、憲法改正反対と学生のデモは毎日のように報道されていました。

東大安田講堂での学生と機動隊の衝突はテレビで生々しく報道され、各地の大学生の思いをより熱く強いものとしたように感じられました。

岡山大学も例外ではなく、学生たちのデモや活動はエスカレートするばかりでした。新任の警察官だった主人は機動隊の応援要員として招集され岡山大学に向かいました。

応援要員なので、装備は実にぜい弱で、戦える格好では

機動隊

ありません。ジュラルミンの盾が人数分ないものですから、各自が自宅から大きめの鍋の蓋を持参せよとの通達でした。機動隊員の盾も木製の折りたたみ式の全く強度のないものだったそうです。

学生たちはそんな警察官に石やブロックを投げてきます。鍋の蓋でそれを受けるんですよ。想像してみてください。塚原卜伝ばりです。皆怪我をして血で染まっていたと言っていました。

主人もえらい目にあったと言って帰ってきました。けがはしていましたが、命に別状はなかったので、ホッとしたんです。良かった、良かった。

まだこっけいな話は続いていて、なんと投石を防ぐために竹ざおに網を通した道具を作って二人で構えていたそうですが、スズメに田んぼの米を食べられないようにするための華奢な網で役に立たなかったそうです。当然でしょう。

当時の紛争で、学生たちの犠牲も出ましたが、警察官も同じでした。前進できず、後退の命令も出ず、多くの警察官も負傷しました。そうした中で、主人と封鎖解除にあたっていた前列の若い警察官が、頭に投石を受けて倒れたのです。救急車で病院に運ばれましたが、その日のうちに帰らぬ人となってしまいました。この警察官は、郷里でお見合いをしてから4日目のことだったそうです。多くの大学生が逮捕され、警察官も亡くなった悲しい事件は、私の中でも大きなつらい思い出として心に残っています。

同じ時期にノーベル賞受賞は間違いないと世界中で評判になっていた小説家の三島由紀夫事件がありました。会員を100人集め、盾の会を結成。日本は天皇を中心とし、伝統と文化を守り、愛国心を持たなければ日本は守れないと主張。自衛隊の幹部を拉致し、1000人の自衛隊員の前で演説をし、最後は日本刀で割腹自殺をしました。この世のこととは思えないくらい恐ろしい事件が起きたのです。

その後、赤軍派によるあさま山荘事件も、世の中に大きな衝撃を与えました。その警備にあたっていた警察官が厳寒の山の中で食べていたのが、いまの食生活の中に溶け込んでいるカップヌードルでした。吐く息の白さと、カップから立ちのぼる湯気の白さがあまりに鮮明で、誰もが何を食べているのだろうとテレビのニュース画面をくい入るように見ていたのです。そのニュースを見た多くの人たちがカップヌードルを好むようになり、すぐに大ヒット。私たちの新婚時代は、そんな激動の時代でもあったんです。

これらの事件が起きてすでに50年経ったのです。

官舎にシンナー中毒の男が……

新婚生活が始まった当時、主人は交番勤務で外勤課の所属でした。警察官の仕事は、課によって勤務が違っていて、仕事は、勤務時間内で収まることは、ほとんどありませんでしたが、交番勤務は、朝8時半から翌日の8時半までです。専門用語でいうと当務、非番のくりかえしです。その日も24時間勤務で翌朝10時頃に夜勤明けで家に帰り、仕事のない非番の日でした。

主人と一緒に夕食をすませて、くつろいでいたら突然、官舎の玄関のガラス戸をガッと開けて、息の荒い男が飛び込んできました。年齢は30歳くらいだったでしょうか？

「男に追いかけられている。ここに飛び込んだことがわかると、やばいので電気を消せ」と命令口調です。サスペンスドラマのような状況で、考える暇もなく「のどが渇いた、水をくれ」と、また命令です。すぐに電気を消しました。ガラスコップに水道から水を注いで渡しました。男は一気に飲んで、一息ついたのか「もう追いかけてこないだろうか」と外を見に行ったのです。

この後、主人は男をバイクの後ろに乗せて近くのバス停まで送り帰ってきました。私は、まだ心臓がドキドキして、怖かったなあ、何だったんだろうと、なかなか寝付けませんでした。あの男が使ったコップは気持ち悪いので、次の日捨てました。かわいいコップだったのに。

数日後、覚せい剤中毒の男が逮捕されたというニュースが報道されました。その当時は覚せい剤とは言わずヒロポンと言っていました。写真を見ると、夜に飛び込んできた男だったのです。中毒がひどくなると、人に追われるなどの幻覚が現れるというから、まさに、それだったんだと合点しました。そうとはわからず、親切にもバス停まで送っていったのです。逮捕していたら本部長表彰だったのに、残念。警察官舎に飛び込む男も間が抜けているけど、警察官ものん気だね、もちろん私も。でも、どうして私の家に飛び込んだのだろう？　官舎は長屋なので何軒もあるのに。その時間に明かりがついていたのが、うちだけだったのかと推測してみました。他の家は、皆さん早く寝ていたんでしょう。教訓、夜は早く寝ましょう、戸締まりをきちんとしましょう、です。今では笑い話になるそんな一件でした。

人生の転機　夫が田舎町の駐在所勤務に

主人が岡山県中部の町にある駐在所に転勤しました。今から考えれば、私の人生の多くを占める学習塾を始めるきっかけをつくった思い出の場所との出会いでした。私たち夫婦の一人息子は生まれたばかりでした。私も主人も27歳の春でした。小さな田舎町、事件も起こらず、のんびりした暮らしが送れるかと思いきや、夫の仕事は大変なことばかり……。生後間もない子供を抱えて、私も地域に溶け込もうと、近所づきあいに子育てにと、のんびりとした生活ではなかったですね。

駐在所の警察官は制服勤務が決められていて、拳銃・警棒・手錠を装着しなければなりません。ポケットには、警察手帳に警笛に捕助と呼ばれる細い縄を忍ばせています。勤務中ずっと、こうした装備品をつけているので、その重さで腰にはいつしか黒ずんだアザができていたのを思い出します。でも、主人の制服姿は、キリッとしてかっこよかったです。そんな姿で、主人は管内の見回り、住民の所在確認、交通事故の処理など一人何役もの大変な仕事の毎日でした。夫が不在の時は、妻の私も住まいと一体になった駐在所の事務所で、その代行をします。

携帯電話のない時代です。何かあったときは、すぐに状況を本署に連絡をとり、指示を待つんです。

気の休まる時間は、あまりなかったですね。そんな中で、乳母車に乗せた息子と一緒に散歩するのが日課になっていました。童謡を歌いながら、遠くまで歩くんです。風の音、木々のざわめき、小鳥の声、虫の声。季節を感じる、息子との幸せな時間でした。

歌いながら息子とお散歩

実は、私、オペラやシャンソンの歌手になりたいと、声楽の先生に訓練を受けた時もあったんです。夢破れましたが、経験は無駄ではなかったんです。我が子に歌を歌ってやれたんですからね。音痴の人が歌って聞かせたらその子も音痴になると言われていますから責任重大です。息子の乳幼児期を田舎町の自然の中で過ごせたことは、本当によかったと思います。

駐在所のそばに、小さな川が流れていました。昔のことですから、そこで布のおむつを洗っていました。今では当たり前の紙おむつなどない時代です。古い浴衣を使って私の母が、おむつを作ってくれました。母乳しか飲んでいない息子のウンチは、黄色い菜の花のようになって流れていきます。すると、谷バエという川魚が集まって来て、パクパクと食べ、一瞬のうちになくなっていきました。驚くような光景で、思わず声をあげたことを記憶しています。

波乱の駐在所生活　トラックが突っ込む

駐在所転勤の前に生まれた息子が、トットタッターという赤ん坊用の椅子（ベビーチェア）に座れるぐらいになった生後５カ月頃のことです。主人は警察署に全員が招集される日で、朝、バイクで本署に出かけていきました。何も起こらなければと願いつつ、息子をベビーチェアに寝かせて、私は台所で家事をしていました。突然、「ドガーン」と衝撃のある大きな音がしたんです。「何？」、びっくりして音の聞こえたほうに行くと、駐在所に大きなトラックが突っ込んでいたのです。しかも、ベビーチェアの息子の真ん前にトラックの顔がありました。足がすくみました。「どうしてトラックが家の中にいるの？」幸いに息子は何もなかったように、寝たままで、ケガなどはありませんでした。動転していたのでしょう、その時のトラックの運転手さんとの会話さえ、全く覚えていません。

急いで本署に連絡をしました。「伴くん、駐在所へトラックが突っ込んだからすぐ帰りなさい」と言われ、主人は血相を変えて帰ってきました。駐在所の前の道路は、ゆるやかな坂道でカーブしています。曲がり切れずに直進したのでしょう。木の塀があって、それが衝撃を吸収したのでしょうか、突っ込む力が弱くなって息子は助かったんです。

ずっと足が震えて、心臓はドキドキ。まさに、いいかげんにしてよの気分でした。すぐに、パトカーもやって来て、事故処理。主人も忙しく実況見分をしていました。息子は、ちっとも泣いていませんでした。ものすごい音だったのに、すごいね。それにしても、ケガも何もなく本当に良かった。息子はまだ寝ていました。

入学式　来賓として招待される駐在さん

駐在所に転勤して1年経って、主人が地元の小学校の入学式に来賓として招待されました。昔は駐在さんと言えば町長や村長に次ぐ立場に見られて尊敬され、親しまれていたんです。だから、村長さんの次に席が設けられていたそうです。

主人の母がたまたま訪ねてきていて、入学式の様子を見に行ったのですが、少し窓から見ただけで帰ってきたんです。聞いてみると息子が祝辞を述べるところなど「ドキドキして見られるわけがないでしょ」と話したんです。

せっかく警察官の制服での晴れ舞台だったのに残念なことでした。でも、主人がそんな席に呼ばれたことがうれしかったんでしょうね、母はいつにない笑顔でした。そして、主人はとても上手にスピーチができたと大満足の顔で帰ってきました。駐在所生活では本当にいろいろな体験ができましたよ。その生活や地域との触れ合いは、かけがえのない思い出として一つ一つ心に深く刻まれています。

ドジョウ汁　ぼたん鍋

駐在所には、地域の人たちがよく訪ねてきました。

ある日、「駐在さん、ドジョウをとったからドジョウ汁をしましょう」とやって来ました。その人の手にはバケツ一杯に大小のドジョウがウニョウニョしていました。びっくりして私は後ずさりしました。「気味が悪いし、怖い。これを食べるの」、うそでしょう。ドジョウは泥の中にもぐっているので、泥を吐かせることがまず第一の仕事。唐辛子をバケツの中にいっぱい入れその中でドジョウを一日泳がせる、それから料理にとりかかるのです。手間がかかるんです。

「料理なんて、できないよ！」と、私は作るのを、そばで見ているだけでしたね。

よく聞く柳川鍋は美味しい高級料理かもしれませんが、バケツのドジョウを見た私は、食欲なんて湧きませんでした。スープだけを飲みましたが、最後までドジョウは食べられませんでした。皆さんは、どうですか？　勇気がいりますよ！

冬はイノシシの肉のぼたん鍋、そして、私の腕ほどの太い大ウナギなど、驚くような食材が持ち込まれました。自然の味は美味しいのですが、やはり食べられないものもあったんです。今は、いい笑い話ですがね。地域のみなさま、ありがとうございました。感謝はいっぱいしています。

猿が出た騒動

田舎の駐在所らしい事件も起こりました。朝早くに、おじいさんが息せき切って駆け込んできました。「駐在さん、早う来て。猿が出たんじゃ」と大騒ぎです。「捕まえる網ってあったかな？」「虫取り網がある」「そんなんじゃダメじゃ」と珍問答の末、でもその虫取り網を持って主人は出ていったんです。田舎では、何かあったら駐在さんが頼りなんです。虫取り網を持ったお巡りさんが猿を捕まえようとするなんて、今から思えば珍プレーですよね。

「追いかけ回したけど、逃げ足が速くて捕まえられなかった」と言って、疲れ果てて帰ってきました。お疲れさまでした、お茶でも飲んで休んでください。駐在所は毎日、生活の中で何だかんだ騒ぎが起こるんですよ。テレビドラマ以上です。

大洪水で避難

駐在所に赴任して1年余り経った7月11日、梅雨時期の終わり頃でした。「洪水で堤防が決壊しそうだ。避難をするように」と町役場から連絡が入りました。隣に住むおばさんが誘いにこられたが、当時1歳と4カ月の息子はちょうど便意をもよおして、アヒルのおまるに座っていて、先に行ってもらいました。こんな時に落ち着いて用を足しているなんて「この子は、大物になるかも」と、この時も思いました。今、考えれば避難が最優先なのだが、ウンチが出るのを待っていた私も大物です（笑）。

長く時間がかかり、やっと出るものが出ていざ出発。息子を負ぶって高台にある廃校の中学校に向かいました。たくさんの人がすでに来ていて、息子はいつも私と二人だけの生活なので、大人も子供も大勢いる場所が珍しくて大興奮して喜んでいたのが思い出されます。一晩、避難所でひと眠りもできず、次の朝駐在所に帰っていったのですが、眠くて眠くて、やっとの思いでたどり着けました。

ところが今度はため池が決壊するからと、また、隣のおばさんが誘いにきたのですが「流されてもいいから、眠らせてください」と断って息子ともども爆睡しました。結局、地域にある橋は流されましたが、人には被害がなく、ため池も無事でした。本当に良かった。

それにしても大変なのは主人でした。冠水している道路をバイクで走って地域の人たちの避難誘導をしていたからです。洪水騒ぎが収まっても主人は本署への報告を上げるために、机にかじりついて書類を作成していました。駐在所の床下まで水が来たのですが、その時に重い米びつを一人で2階に持ち上げていました。火事場の馬鹿力だったのかもしれないですが、さすがに男でした。地元の人たちも次々に報告や相談しに来て、忙しい駐在さんでした。大きな橋が流されましたが、その後、洪水があっても流されない立派な橋が造られました。

蚊にやられた

田舎の生活ですから、夜はキツネの鳴き声が聞こえたりしました。自然がいっぱい生活の周りにあふれています。自然の恩恵にあずかることが多かったのですが、駐在所の裏に広がる竹やぶには泣かされました。

風が吹くと笹の葉がサワサワという心地良い音を立てるのですが、冬は駐在所の中まで笹の葉が風で入り込んできます。でも、それは夏に比べれば大したことはありません。竹やぶは、ものすごい数の蚊が発生するところだったからです。大きな縞模様のやぶ蚊が日中から飛んでいて、洗濯物を干しに外に出た時に、その大群が現れ、一斉に蚊に囲まれて30カ所から40カ所ぐらい刺されたのです。寒気を感じるぐらいで、震えが止まりませんでした。アレルギーショックが起きるんじゃあないのと心配するほどでした。

ようやく歩き始めた息子も外遊びに夢中になっているうちに、顔をたくさん刺されたのか、どこの子って思うほど顔が腫れて、目が開かなくなるほどでした。夏の日はそんなことが多くて、幼い子供のこと、言葉がまだ十分に話せなくて「どうしたの、その顔？」と聞くと「かにに、やられた」って、余計な「に」の言葉をつけて返事をしていました。２日ほどは、本当にどこの子供かわからないくらいに人相が変わっていたんですよ。

蚊に加えて、ほかの虫も活発で夏は嫌な季節でした。駐在所の庭に桜の木があり、夏はその枝が伸びて家まで入るほどでした。それを伝って２階に侵入したのがヘビで、大騒ぎしました。怖くて怖くて。それで主人が桜の枝を切ろうと登ったのはいいけれど、何かの拍子に持っていたノコギリで自分の足を切ってしまったんです。痛いと大声を出して木から落ちそうになっていました。傷口を包帯で巻いてもう一度挑戦、今度は上手く切れました。ノコギリで足を切った主人ですが、息子には手作りのブランコを作ってくれたんですよ。決して作業が下手だったわけではないことを主人の名誉のために書き添えます。そして、そのブランコは息子のお気に入りで、よく遊んでいました。駐

在所暮らしでは、幼い息子と長く過ごす、楽しい子育ての日々でもありました。

五右衛門風呂

駐在所のお風呂はオガライトと呼ばれる、おがくずを石油で固めた竹輪のような棒状のものを燃やして沸かしました。鉄釜のお風呂で石川五右衛門がかまゆでの刑にされた時に使われたから、五右衛門風呂という名前になったとか。釜の下から直接に火を燃やすので、そのままでは足をやけどしてしまいます。ですから、板を湯船に沈めてその上に足を置いて入るんです。そして、板にはおもりを載せて動かないようにしていましたよ。

息子は、そんな昔式のお風呂がおもしろいようで気にいって、楽しんでいましたね。湯冷めをしない温泉のようで私もこの風呂が好きでした。新婚の時、石炭で燃やした風呂と比べると、オガライトの方が簡単に燃えたので風呂たきがそんなに苦ではありませんでした。

駐在さん　寸借詐欺にあう

駐在所勤務では、どうして、いろんなことが起こるんだろうというくらい、事が起こりました。ある日、大手製鉄所の作業服を着た男性が破れたジャンパーを着て駐在所を訪ねてきました。「助けてください、福山に帰れません。お金の入ったカバンを取られたので、お金がなくなったんです」と話すんです。服は、山を歩いていて破れた、山越えをして帰ろうと思ったとも言いました。

たまたま、主人の友人が福山の日本鋼管の近くでスーパーマーケットを経営していて、開店資金をお父さんに出してもらって、やっと開店できたと言っていたので、懐かしさもあって「スーパーはうまくいっているのかな、店長は元気ですか」と世間話的に話していたら、その男性は「元気でやっておられますよ」との返事。夫婦ともども、うれしくなって信用してしまったんです。「災難で気の毒ですね」と、お茶も出して、あの覚せい剤の男と同じようにバイクの後ろに乗せてバス停まで送り、電車に乗って帰るよう５０００円を渡したんです。

数日後、その男が寸借詐欺で逮捕されたことをニュースで知りました。地域の人たちの安全を守らなければならない駐在所なのに、またもやです。夫婦で大笑いしたけど、内心これでいいのかな……。お人好しの駐在所夫婦だなと……。

駐在さんは、何でもやらないといけないんですよ。地域のパトロール、交通取り締まり、交通検問、パトカーの乗務員を助ける勤務（助勤）。放火か失火なのかを調べる火災事件の見分、変死見分など数えたらきりがありません。でも、それで発生から見分などの書類作成、報告書提出などがすべてできるようになっていくんですね。主人は、仕事のデキるお巡りさんになっていきました。だけど、人の良い優しさと人柄は昔から変わりませんでした。困った人を見ると、すぐに助けてあげる。でも、騙されてはいけないです。ウソを言っているのかどうかを見抜けないとね。「しっかりしてよ」と思う私でした。

日本一のお母さん

子供ができて初めて親の恩がわかると言います。一人で大きくなったわけではなく、父や母の深い愛で大きくなったことは子育てを通じて初めて理解できるのだと思います。

私の子育ては、主人が若かった田舎の駐在所勤務時代に始まりました。駐在所は地域の方との交流が大切で、地元のお年寄りと仲良くしたり、近所付き合いすることも大切でした。そんな交流から地域の事情や情報がわかり、治安の維持に繋がるからです。

そのころ、洗濯物を裏の畑で干していたら、近所のおばさんが来て、すぐに場所を変えて干すようにと、血相を変えて、激しい口調で言われました。もちろん、すぐにそうしたのですが、初めてのことで、「こりゃ、官舎住まいの時みたいに、お付き合いは大変だ」と思い、我慢するしかないねと考えたのです。

なぜそう言われたかといえば、北向きに干していたようで、絶対北向きに干してはいけないのだそうです。死を招くといういわれがあるそうです。怖いね。一つ勉強になりました。

そのころ、テレビで自分の母親についての作文を募集していました。私の母はとても働き者で、家事も手早く、婦人会長もするほどで、口八丁手八丁といわれる人だったのです。物がない時代で、自給自足で、漬け物や味噌は、すべて家で作っていました。

母の作った料理は格別においしかったです。そんな思い出を書いて投稿したのです。数日後に話を聞きたいと、テレビ局から電話がありました。その後の審査で「日本一のお母さん」という公開テレビ番組に出てほしいと連絡が来たのです。それで、家族で横浜に行くことになりました。欽ちゃんこと、萩本欽一さんが司会者で「テレビに出るなんて」とみんな、びっくりしたり喜んだりでした。まだ、一人息子は1歳8カ月でした。そんな出来事を懐かしく思い出す年になりました。

クイズ100人に聞きました

関口宏さんの司会で人気だったテレビ番組「クイズ100人に聞きました」を、みなさん覚えていますか。昭和54年（1979）から平成3年（1991）まで放送された人気番組で、私は、これにも出演したんですよ。出演するための面接があり、第1次審査、第2次、第3次と、ふるいにかけられ最終審査に残りました。そして、多くの人たちの中から私たちの姉妹が選ばれたんです。やっぱり、選ばれるってうれしいですね。いろいろな条件があったそうですが、何だったんでしょうか？　キャラクターが目立っているとか、元気だとか声がいいとか、美人だとかでしょうか（笑）。

それはさておき、早押しクイズなので、答えが浮かんだら相手より先にボタンを押さなければいけません。

クイズ100人に聞きました

考える前に、まず、ボタンを押してしまわないと間に合いません。そして、クイズの内容は、みなさんもご存じのように、100人から聞いたアンケートで、上位に入っているものを当てる形式です。

「スプーンで食べるものは何でしょうか?」という問題で、私は「チキンライス」や「ハヤシライス」などと答えましたが、どちらも「ブー」と音が鳴り、不正解でした。多数の意見ですから、冷静に考えれば「アイスクリーム」とか「カレー」ですよね。でも、早押ししなければならない状況で、興奮してしまっていたんでしょうね。残念なことに私が答えたものは、全部「ブー」でした。

岡山に帰り、塾の教室がある日、子供たちは、みんな「チキンライス、ブー」って言った後に、手で×印を作って教室に入ってくるんです。「先生、だめだね。全然○がないんだもん」と言われ、恥ずかしかったです。

みんな楽しみにしてテレビを見ていてくれたようで、期待にこたえられなかったみなさん、ごめんなさいね。「クイズ100人に聞きました」に出演したのは塾の先生をするようになってのことなのです。楽しい先生だと当分話題になっていました。

なぜか書道教室、ピアノ教室に

いつ頃だったでしょうか、土曜の学校帰りに子供たちが駐在所にぞろぞろと集まるようになっていきました。私の指導で書道を習うようになっていたんです。駐在所は子供たちでいっぱいでした。そして、水曜日には、女の子たちがやって来て、ピアノ教室になっていました。地元の人が、たまたま私が書を書いたり、ピアノを弾いているのを見て、次々に教えてほしいとなっていったのです。

「駐在さんの奥さんはすごい、すごい！」と評判になったみたいで、私も期待されているし、昔取った杵柄で子供たちのためになるなら」と頑張ってしまったんです。これが私の指導者生活の原点かもしれないです

ピアノ教室

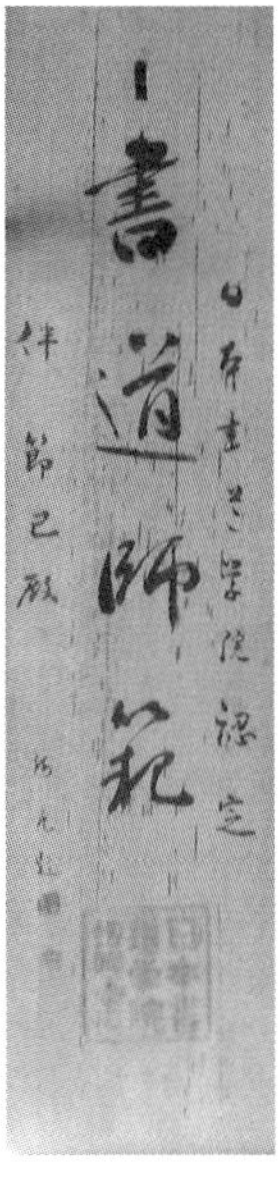

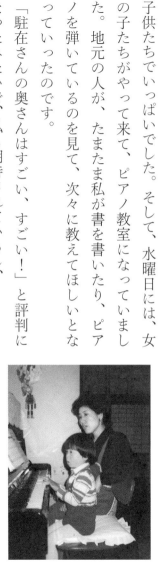

ね。

子供たちの作品を、どんどん書道展に出品しました。大賞を獲る子供たちもたくさんいました。ピアノの方は、駐在所で私の模範演奏もある発表会のようなものもしました。幼い息子も2歳でピアノを始めて、のちに絶対音感がついたことに驚きました。多くの子供たちと過ごした時間は、本当に楽しかったんです。

書道教室は近隣にも評判が広がって出張指導に行くようになってしまいました。その集落は渡し船で行くしかない、いわば孤立した地域だったんです。もちろん私も渡し船でそこに通いました。いつのまにか集落全部の子供たちを教えるようになりました。

その後、何カ所かで教室をするようになり、児童生徒書道展覧会の審査員もさせていただくようになっていま

警察道場の額

した。生徒へのお手本を書いたり、賞状書きもしなくてはならず、いつの間にか大変な仕事量になっていました。でも、とても楽しかったです。

警察からは地域の方への感謝状を書いてほしいと頼まれ、何件か書かせてもらいました。その後、柔剣道場の額を書いてほしいとの依頼があり「一技萬錬」の書を書かせてもらいました。

息子が虫博士　星博士になる

駐在所生活が何年か経ち、幼稚園に入る頃から息子は、虫博士になったようでした。よく珍しい虫を捕まえてくるようになったんです。ある時、頭に小判を載せたようなナメクジを捕まえてきました。ぬるぬるした大きなナメクジです。

「見たことないな、きっと大発見だよ」と興奮して一緒に図鑑で調べました。でも、残念！ちゃんと掲載されていました。甲羅ナメクジという種類でした。

また、ある日、頭が正三角形をしたコオロギを捕まえてきました。「今度こそ、大発見」と思ったが、ちゃんと載っていました。三角《みつかど》コオロギという名前でした。大発見はできなかったけれど、田園風景が広がる自然の中で、息子と私は虫や生き物と仲良く暮らしていました。

そんな頃に幼稚園の先生から「まだ園に来ていません」と、電話がかかったことがありました。今は保護者が送迎するけれど、当時は園児3人が近所の友達と歩いていってたんです。寄り道しないでさっさと行くのよと送りだしていたのにです。主人がすぐにバイクで捜しに行きました。すると、いました、いました、3人が田んぼの中に。みんな田んぼの脇に、ご丁寧にも靴と靴下をそろえて置き、田んぼでカエルを捕っていたんです。カエルを捕る役は息子で、これがまた上手なんだとか。

ほかの二人は、通園バッグの中にカエルをたくさん詰め込んでいたそうです。「こらー、何しよんなら！　早う幼稚園に行かんか！」と主人が怒鳴ると、3人はキョトンとしていたそうです。夢中だったんでしょうね。そのあと、靴と靴下をはかせて幼稚園に急いで連れていったのです。

「カエル大好きだね、楽しかったね」とか言いながら、ちっとも悪びれた様子もなかったようですね。

ある時は、小川のそばにある散髪屋さんから電話がかかってきました。「川で魚を捕っておられますよ」とのこと。またまた、主人がバイクで追跡して事なきを得ました。地域の人に見守られる生活でもあったんですね。何事もなく、ありがたかったとしか言えません。

「幼稚園まで私が送っていけばよかったのか」反省です。遅いですよね。今さら。

自然の中で育まれた観察する力は、幼稚園での集中力に繋がっていたんでしょうか。息子は幼稚園での出来事や教えてもらったことを、よく話してくれました。森で、おじいさんが手袋を落として、その中に次々に動物が入っていくお話を聞いた後のことです。どういう順番で動物が入ったのかを間違えずに話してくれ、私は驚きました。

ある時は先生が間違ったことを教えたと……。ホバークラフトは海面の上10センチくらいのところを浮いて進む高速艇なのに、「先生は潜水艦だと言ったんだよ」と絶対に違うと言うんです。先生に聞いてみると、やはり間違ったことを言っておられたようで、皆に悪いことをしましたと謝られました。本をよく読む子なので、息子なりの考えで、許せなかったんでしょうね。先生からごめんねと謝られて一件落着でした。

近隣にはシイタケを栽培している農家が多く、腐った木の中はカブトムシの幼虫が育つのに最適の場所でした。主人と息子はピクピクと動く何十匹もの幼虫を取ってきて、成虫になるのを楽しみに観察し、カブトムシになるまで育てました。

田舎の空は余計な明かりがなくて、空気が澄んだ秋から冬にかけては星空がとてもきれいでした。星を観察するには好条件で「あれがオリオン座、北斗七星だ」と主人と二人で夜空をながめていました。小学校4年の頃には、『スターアトラス』という専門書を読むほど、星が好きになっていたんですよ。その後、望遠鏡を買って月のクレーターを見たり、土星の輪を見たり、レンズをのぞいてすごい、すごいと興味はどんどん広がっていきました。

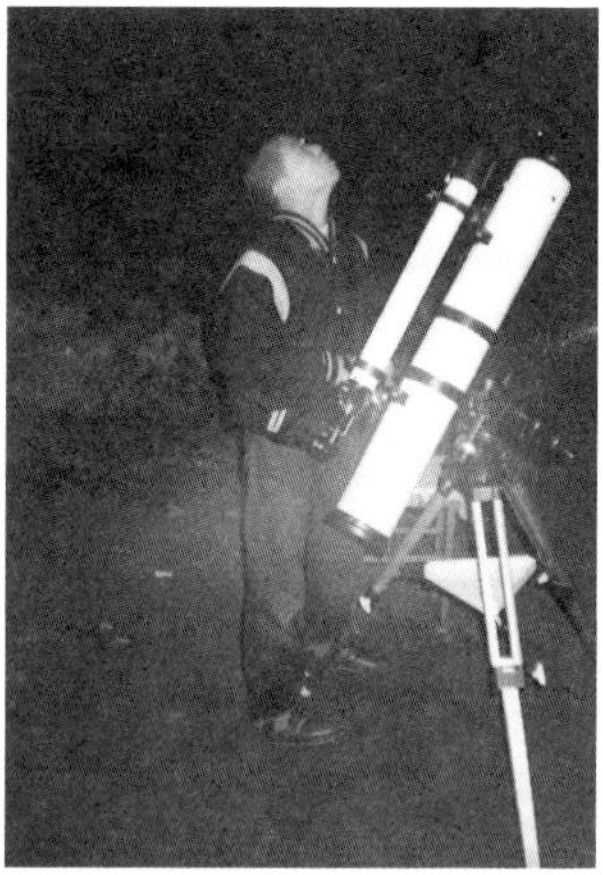

天体望遠鏡

囲碁も好き

駐在所は職場と住居が同じだから仕事の休憩時間に主人は息子とよく遊んでいました。出かけるわけにはいかないので部屋で本を読んだりするくらいしかできなかったが、囲碁も教えていました。ゲームのようで囲碁おもしろいと、息子は囲碁が大好きになったようです。

中学のとき数学と理科の担当の先生が囲碁ができて放課後よく教えてもらっていたようです。

町内に囲碁ができる年輩の方がおられることを主人が聞いてきて、息子を連れて教えてもらえないかと訪ねていったのです。とても親切な方でその後、度々訪問し指導してもらいました。

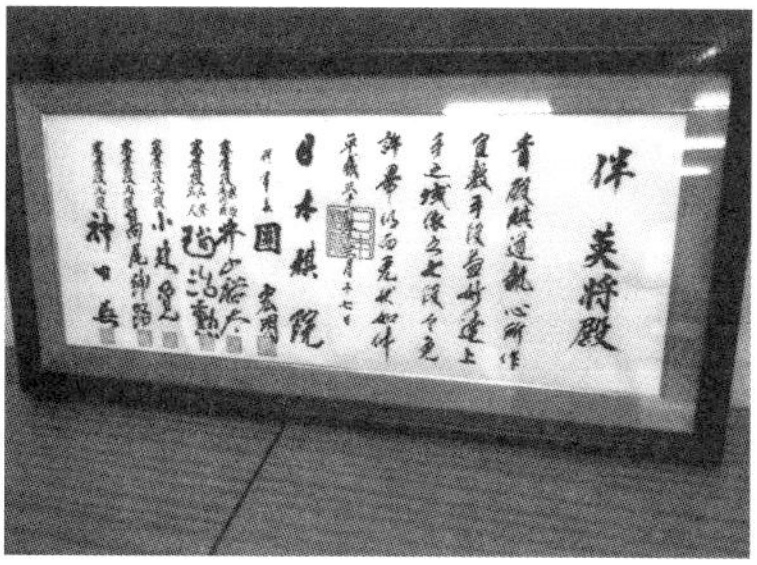

七段免許

囲碁好き

囲碁部のある高校に行きたいという強い希望があって、囲碁部があるという高校に進学したが、残念なことに部は消滅していて無かったのです。

無いのなら作るより仕方がないと、部員集めに奔走し、息子を含め4名集まり、囲碁部としての活動ができるようになったのです。結成してすぐ県の大会があり、日々練習を続け、意を強くして出場したところ、なんと優勝したんですよ。その後県代表で頭脳甲子園といわれる高校囲碁大会に棋手代表として息子が宣誓をしたんです。

山陽新聞の囲碁解説の方の指導を受けるなど腕をめきめきと上げていきました。アマではあるが、日本棋院の七段の免許を取得するまでになったのです。よっぽど好きなんでしょうね。

夏は鮎　冬は蟹

駐在所のある地域では、初夏の楽しみが川での鮎釣りでした。主人も上達はしなかったけれど、地元の人に教えてもらって、よく行っていましたね。多分、釣り仲間から分けてもらって家に持って帰っていたんだと思います。サザエさんの漫画では、マスオさんが釣りの帰りに干物を持って帰っていましたが、主人はちゃんと生の鮎でした。秋も深まって大きくなった鮎を獲る「落ち鮎漁」も風物詩でした。川に網を入れて川面を竿でたたいて、追い込んでいくんです。主人は息子を連れて、落ち鮎の時期も出かけていきました。

産卵のために海に向かう鮎を獲るのですが、お腹いっぱい卵が入っていて、甘辛く煮ると絶品の美味しさでした。

冬になると川蟹漁が始まります。竹で編んだ「蟹もじ」という道具に鯖のぶつ切りや大根の葉っぱを入れて川に沈めます。翌日には、その中にはさみに毛がモジャモジャと生えた黒いような灰色のような川蟹がたくさん入っているんです。この漁も主人は好きだったようです。

狩猟シーズンには猟犬を連れてイノシシを獲りに山に出かけていきました。カモやヤマドリを撃ってきて、はく製も作っていました。何でもやりたいことが、いっぱいある人で、地元の人たちとよく遊んでいましたね。交流を深めて、情報を集め、仕事にも繋げていたのだと思います。

山菜取りにも出かけました。春はタケノコ、ワラビ、秋はマタタビなど幸があふれます。マタタビは焼酎につけて、マタタビ酒にしていました。駐在所生活では、四季それぞれの味や風物を感じて私たち家族のかけがえのない財産になりました。

駐在所から刑事一課に転勤

駐在所勤務が5年経ち、主人は同じ警察署内の刑事一課に転勤しました。念願の刑事の仕事に就けたのです。同時に官舎に移りました。少し面倒くさい警察の奥様方との付き合いに戻ることになりましたが、主人は張り切っていました。刑事課なので朝8時から夕方5時までの勤務ではすみません。夜も呼び出しの電話が頻繁にかかります。「はい、はい、はい、了解しました」と応答したかと思うと、夜中であろうが、すぐ警察署に向かいます。プロですね、用意して家を出るまで3分もかかりませんでした。

当時、次々に殺人事件をはじめ、大事件が起きました。でもサスペンスドラマのように1時間や1時間半で事件は解決しません。1週間、1カ月、数年も犯人を追い続ける日々です。主人は、「落としの伴」と呼ばれるようになるくらい取り調べで犯人の自供を引き出して、完落ち（完全に罪を認めて自白すること）させることで知られるようになっていきました。

犯人を連行する様子がテレビに映ったり、新聞に担当事件が大きく掲載されたり大活躍でした。念願の仕事で水を得た魚のようでしたが、なかなか休みが取れませんでした。有給休暇もなく、土・日もないのです。やっともらえた休日に息子と三人で出掛けようとしていたら、例のように電話が入りました。事件発生、またも「はい、はい、了解しました」です。「ああ、今日も行けなかった」と息子の落胆の声。でも、息子は父親のことを尊敬していましたから「お父さんはすごい。みんなのために悪い人を捕まえるんだ」と話していました。

小学生の時に『僕のお父さん』という題で作文を書き、県の最優秀賞をいただいたこともありました。署長表彰、本部長表彰などたくさんの表彰をしてもらった主人ですが、息子の受賞に、とても喜んでうれし涙を流すほどでした。

駐在所と違って刑事は制服は着ません。私服での勤務で、扇子を持って背広の下には白の開襟シャツを着て、襟を出して着るんです。そういえば、昔の刑事ドラマのデカさんは、そんな格好でしたね。制服を着ていた時は、腰の帯革（幅広ベルト）に当時の重い拳銃を着けていたので、腰に黒いアザができていました。刑事になって、それはいつの間にかなくなっていました。刑事は肩からベルトを通して、背広の下に拳銃を隠して装着するからです。

夏は扇子を背広の胸ポケットに入れて、扇子を使うのが当時の刑事のスタイルでしたね。格好つけていたんでしょうか。現場百回刑事は足で稼ぐ、主人の口ぐせでした。昔の刑事は皆そういう思いで仕事をしていたようです。

刑事課に入って

刑事課に入って立て続けに事件が発生しました。阪大生殺人事件、主婦殺し、唐人山殺人事件、ホステス殺人事件。次から次へと難事件で捜査本部が立ち上げられ、昼夜のない生活が始まったのです。念願の刑事として若い刑事は犯人逮捕に向けて力の限り走り回っていました。これこそ本物の刑事だという顔だったように思います。

なかでも唐人山殺人事件は、県警ではまれにみる広域的殺人事件で、捜査員はのべ5000人を超え、捜査は2年あまりに及び、死体なき殺人といわれ困難な捜査だったのです。警察の責任と粘り強さ、汗と泥にまみれた捜査が続き、事件は解決しました。警察に対する高い評価、反響は連日大きく報道されました。

刑事の捜査専従員だった主人は毎日一生懸命で、家族に対して事件に関することは何一つ話してはくれませんでしたが、40年以上も経ち警察を退職した今、刑事ドラマを見たりすると、刑事魂は枯れておらず血が騒ぐようで、渋いお茶を飲みながらぽつり、ぽつりと話してくれます。

暑い夏の日もあったし、熊笹に雪が積もって一面真っ白で何もわからない時もあった。供述の場所をあっちこっちスコップで掘ったんだよ。何年も経っていて山も様変わりしてて、場所の特定がなかなかできず、大変だったなあ……思い出すこと、一つひとつの言葉にはその当時にタイムスリップしたような面持ちでした。

若き刑事たちの執念で解決した唐人山殺人事件は、その後の岡山県警で類の無い大事件だったのです。

警察官の妻たち

警察署の妻たちの集いもあって、警察が階級社会であるように、奥様方のお食事会が開かれても、署長夫人以下、階級順に席が決まっていました。封建的で、おかしいと思っていたけれど、それもお付き合いと割り切って出席していました。

奥様方は、それなりに一番格好がいい服装で、しっかりお化粧もして、上司の奥様にはおべっかを言っていましたね。そんな中、「嫌なことは嫌」と、いつも目立たない姿で下座に座っていた私でした。

でも、ビックリすることがありました。ジーパンにシャツ、スニーカーを履いて、ナップサックをしょった奥様が現れたんです。そのジーパンも膝が破れて穴が開いていました。奥様方から「山登り……」「あの方、どなたの奥様なの」「何の集まりかわかっているのかしら」とヒソヒソ話が聞こえてきました。

私は「あ〜、もうちょっと空気を読んで来てほしい」「服装に気を付けてほしかった」と思ったものの、奥様たちみんなが結構おもしろく感じた出来事だったんですね。今でも、その光景が目に浮かびます。

あとでわかったのですが、その方のご主人は警察で話題の人だったんです。まだまだ外車に乗る人がいなかった時代に、愛車はアウディで、フランス料理が大好きなイケメン警察官だったのです。なんとなんと、二度ビックリの私でした。だって、お似合いのカップルとは、言いがたいものですから。そんな奥様方とのお付き合いも警察官の妻としては必須事項でもあったのです。

事件発生　署員全員招集

官舎には４世帯が暮らしていました。ブロックの２階建てが２棟でした。事件があると呼び出しの電話が鳴り、主人は「はい、はい、はい、了解しました」と言うが早いか、パジャマを脱ぎ捨てて着替えて出動します。

主人が外に出ると、ほかの二人が言うには、一人が出動してきていないとのこと。警察専用電話を鳴らしても反応がないのです。

玄関をどんどんたたいても反応なし。どうしたものかとみんなで考えていました。寝室は2階だからなんとか2階の窓をたたいて知らせることはできないか、ということになって、物干し竿でたたくことにしたのです。早速我が家の物干し竿で2階の窓をたたいて気がついてくれることを期待しました。

何度もたたいていたらやっと「何事ですか？」と窓を開けて顔をのぞかせたのです。良かった、良かった無事で。皆ほっとしたんですよ。官舎住まいだとこのように家族全員で事に当たる、それが警察の社会なのです。次の日、奥様がみんなに謝っていました。

その日の全員招集は事件発生ではなく訓練の非常招集で、事なきを得ました。本当の事件で集合が遅れると検問の配備が遅れて犯人を取り逃がすことに繋がりますからね。そんなわけで、このお話、官舎では、しばらく語り継がれる一大事だったんです。

列車飛び込み事件の珍事「僕知らないよ。」

刑事になった主人に、ありえないことが起こりました。列車に人が飛び込んだ自殺と思われる事件の時です。事件の現場状況を記録して、証拠などを集める鑑識と呼ばれる人と共に、出動した時のことです。主人が写真を撮るように指示をすると、なんとなんとカメラにフィルムが入っていないと言うのです。

「写真が撮れません」「何？　君は何をしに来たんだ……。なんでフィルムが入っていないんだ！」そんな会話の後に、鑑識の人が「僕知らないよ」と答えたのだそうです。

主人は驚くより、あきれてしまったそうです。「あの時はあわてたよ」と今でも忘れることのできない出来事だったのです。

警察署内では、しばらく「僕知らないよ」のセリフが流行したのだとか……。パトカーですぐに、フィルムを運んでもらったそうですが、いつまでもその失態が話題になったようです。

普段からきちんと点検して準備しておかないと！　上司ならずとも言いたくなるの

んきであきれたことが時には起こる警察の世界です。

第2章

個別指導の先生としてスタート

私は「先生、先生」と多くの生徒に囲まれ県の書道展の審査員をするなど多忙な日々を過ごしていました。息子が小学1年生の時、算数のたし算がすらすらできなくて、息子も私もイライラしていた時期がありました。そんな時、個人別指導者募集の記事が目に入りました。算数・数学が得意な子になる……。本当かしらと思いながら事務局を訪れ、採用試験を受けました。後日採用合格の通知を受け取りました。

主人も子育てのためならと認めてくれ、半年間先生としての研修を受け、指導者としての人生がスタートしたのです。この時、私の人生が、大きく変わっていくことなど考えもしませんでした。

伴教室開設

築後３００年は経っているであろうと思われる旅籠の一部屋8畳ほどあっただろうか。そこを借りました。そこは江戸時代、幕府の天領地でよそ者は受け入れない難しい土地柄でした。それでも息子を入れて15名の生徒でスタート。分数が苦手だった小学5年生の男の子。小学3年生ぐらいのことしかできない中学生とか、学年も学力もバラバラの子供たちでした。個人別能力別指導だから当然のことです。オイルショックでトイレットペーパー騒動の頃なので教材の使用枚数も制限された中、新米の伴先生は大奮闘を続けました。

子供たちが学習する教材をカバンに入れてバスに乗って教室へ通いました。

教室の日は息子は一人で留守番です。熱心な先生という評判はすぐ部落中に伝わり、多くの子供たちが勉強を始めました。採点の手伝いをしてくださる学生さんを探さなくてはならなかったのです。その頃、『小学生でも方程式が解ける』の本が出版され、個人別指導の可能性が世間で少しずつ評判になり、公立の小学校の先生や中学校の先生の個人別指導の実践記録が発表されるようになりました。私も個人別指導のすごさを短期間のうちに感じることができたので、中国銀行の大会議室を借りて、保護者懇談を開きました。最初は地域の外から来た人と、反感を持たれていた部落の方たちも皆さん私の熱心さに共感してくださり、新入会の生徒さんが少しずつ増えていったのです。

毎日毎日一生懸命で子供たちに向き合っていました。

そんなある日息子が学校から帰ってお腹が痛くなったらしく、布団は押し入れに入っているので、取り出せなくて座布団の上にまるくなって座布団をかけて亀のような格好でじっとしていたようです。そんな中、私の母がたまたま訪ねてきたらしくて、もうびっくり。大事にはならなかったが、私が帰宅してからものすごく叱られました。自分の子をほっといて、人様の子供ばかりよくも一生懸命になれるねぇ。もう塾なんか止めなさい――母としたら、可愛い孫ですから、それも一粒種ですから、ごめんね。携帯電話などない時ですから、様子を伝えたり、尋ねたりする手段もなかった時代、息子もよく頑張ってくれたと感謝しています。皆元気で過ごせることを願ってまた明日から妻、母、先生を頑張るわ。

主婦が仕事をするということは、家族が健康で協力的であるということが第一条件でしょう。家族には感謝の気持ちでいっぱいです。

自動車学校に入校　運転免許への道

官舎から数キロ離れている教室へはバスで行き来していました。生徒の学年がバラバラで中学生たちは部活動の後教室にやって来ます。全員の学習が終わってやれやれ帰ろうと思ったら、もう終バスが終わっていて仕方なくタクシーを使って帰るという日が続くようになりました。

自由に動けるためには、車が必要であると考え、急きょ自動車学校へ行くことを決断しました。

昭和50年代の初めで、私は30代の前半。まだ女性が車を運転するのが当たり前でなかった時代です。車に興味があるわけでもなく、ましてや、車に対する知識はゼロの私がです。

入校した当日、すぐに運転をさせられたんです。大型トラックがメインの教官で、大柄な男性教官でした。エンジンをかけて発車させろと言われ、なんとかエンジンはかけたものの、そこからが大変。今のオートマチック車ではありません。クラッチを踏んでギアを変えていくミッション式の車です。アクセルとクラッチを上手く足で操作しないと、たちまち、車はエンストです。

車の部品の名前は、ハンドルしか知りませんでした。昔、テレビコマーシャルで浅丘ルリ子さんが、「車にはいい男を乗せて走りたい」と、マフラーをなびかせてハンドルを左右に動かしていたことが頭に浮かびました。「そんなふうにすればいいんだ」とハンドルを左右に動かしたら、車が大きく左右に揺れたのです。当たり前ですよね。しかも、アクセルをいっぱいに踏み、かなりスピードを出していたのです。教官は、たまらずに「ブレーキ！」と叫びました。私は、これまた力いっぱいに、ブレーキを踏んだので教官は頭を前のガラスにぶつけてしまいました。そして、車はコースをはずれて教習所にあるサボテンの生えた小さな山に激突してしまったのです。

「親の仇ほど、踏むな！」と一喝です。シートベルトがない時代でしたから、怒られるし情けないしで、泣き泣き帰りました。教習中は、いつも叱られるばかり……。「もう車の運転なんて嫌だ」と思いながらも、お金を払っているので辞めるに辞められません。夜は主人が私を空き地に連れていって運転の特訓です。

教室のない日を利用しての教習所通いでしたから、余分な時間は取れません。何度かあるテストを、すべて絶対1回でパスして、「合格のハンコをもらうぞ。補習券は使わないぞ」と、強い思いで教習を受けました。車の前のドアには、三角の窓が付いていた時代です。「窓に松の木が見えたら、ハンドルを半分回す」とか、「ポールが見えたら1回だけ回す」とかを頭に叩き込んで、車庫入れや方向変換を1回でパスしました。難しい坂道発進は、夜、ゴルフ場に行くところに坂道があったので、そこで練習したんです。

仮免許も一発合格、仮免許と書いたプレートを付けて新見市の井倉洞までドライブしました。同行した主人は助手席で常にサイドブレーキに手をかけていました。息子はドライブができると大喜びです。私は私で、汗をかき、スカートは汗が染みて濡れるほどでした。帰宅すると、「やれやれ無事に帰れたよ」「生きた心地がしなかった」と私も主人も、ほっとしました。教官に、そのことを話すと「あんた、よう井倉洞まで行けたな！ 信じられんわ」とビックリしていましたよ。そんな私でしたが、なんと、卒業検定も一発合格し運転免許を取ることができたんです。がんばりましたよ。免許を手にしたその日から、車で教室まで行きました。途中国道の工事で片側通行になっていて、信号が青になったと車を走らせたら、後ろから大型ダンプカーが近づいてきていて「はよ行けー！　何とろとろしょんならー！」とマイクで怒鳴られました。こちらは初めて一人で車を運転しているんですからね。そんなことには、おかまいなしの罵声に、私は「そんなことを言うんだったら、私の車を飛び越していってよ」大きな声で叫びました。でも、怖かったです。無事に教室にたどり着き、やれやれ良かった良かった。そんな時代もあったんです。元気な私でした。

S君との出会いで強い確信ができた

塾本部などが行う先輩の指導者講座では個人別指導者の先輩が、指導の素晴らしさや生徒たちの学習の進み方などの事例を熱く語られ、キャリアの浅い私たちは、自分もそういうふうになりたいと話に聞き入るのでした。「みなさんの教室では、まだまだそんな例は少ないかもしれないでしょうが、それぞれの経験を共有して頑張りましょう」と発破をかけられ、研鑽していったのです。

教室を開設して間もないまだまだ新米先生の、私を大きく成長させるS君との出会いがありました。中2のS君が冬休みの前日、「工業高校に進学したいけど、数学ができないので教えてほしい」と入会を希望してきたのです。分数が全く解けないので、かけ算、わり算からスタートし、1カ月の学習枚数は200〜300枚になりました。当時はオイルショックの影響で教材も使う数に制限があり、事務局からは「使いすぎだ」と注意ばかり受けていました。でも、この子をできるようにするには、たくさん問題をこなして早く中学校の内容に進まなければなりません。分数が解けるようになったら、次は正負の計算、文字式、方程式と彼の頑張りで順調に進んでいきました。

入会から半年が過ぎ、中3になった彼は因数分解や平方根が解ける力をつけてきていました。

中間テストが終わり、「先生、やったぞ」と階段をドタドタ走って大声で教室に入ってきました。何事かと思えば、数学のテストで82点を取ったと言うんです。すごい、驚きましたよ。でも、聞いてみると数学の先生が、絶対に言ってはならない言葉を、彼にぶつけていたんです。

「お前はカンニングしたんじゃないのか」——私はなんというひどい先生だと思いました。「僕は絶対にカンニングなんてしていません」と強く言ったそうだが、疑われたことが「悔しくて悔しくて」と私に訴える声は、半泣きになっていました。

普通なら、今まで10～20点しか取れていない子が、突然80点超えなので、先生がいぶかしがるのも不思議ではない。私は彼に「これからが大事、君の正念場だよ」と話し、次の期末テストで、元のような悪い点だったら、今回の点数は認めてはもらえないから、頑張ろうと話したのです。

彼はそこから勉強のやる気のギアが入り、家で宿題をしていませんでしたが、家でもやると言い出したのです。解き方がわからないと言うので、「中3教材」を私が解いて、それを手本にしてやってみろと手渡したのです。彼は野球部で県大会に出場するほどの強いチームの選手だったので、中3の秋まで練習があって、教室に行けないと言うので、「教室に来られる時間はいつかな？」と聞くと、朝の練習が始まる前なら行けると言うので、朝早くから教室へ行って、彼の勉強を見ることにしたのです。

朝、彼は「先生、きれいじゃけど、どうしたん」と言う。そうか、いつも彼が来ていた時間は夕方も遅い時間だったから、化粧が落ちていたんだと、私は苦笑しました。「何を言うとん、君の勉強のために朝早く来ているんだから、いらんことは言わない」。そして、彼は「先生、美人じゃが」と付け足して言ってくれたのです。ちょっとうれしいかな。

別のある日、学校が終わって、教室に来ようとしたら、補導の先生に呼び止められ身体検査をされ、どこへ行っとんならと言われたそうです。「塾に行くんです」と言うと、「こんな昼間からやってる塾はない。持ち物を見せろ」と言われナップサックを見られた。ナップサックの中には、私が解いた教材が入っていて、塾に行くことをわかってもらえたそうです。先生の立場ではあるが、子供たちを色眼鏡で見ていることに、なんとも我慢がならなかったです。教育者としては、あるまじき行為だと憤慨することはその後の私の指導者人生でも、たびたび起きました。

彼は頑張って念願の工業高校に合格しました。お父さんもお母さんも大喜びで、大きな花束を持ってお礼の挨拶に来られました。この子の人生を良い方向に大きく変えてくださったと喜んでおられました。うれし涙が出て止まりませんでした。

その後も、お父さんは教室を何度かのぞいてくださり、彼の近況を伝えてくれました。

教室の開設から間もないころに経験した個人別指導の高い学習効果は、私の人生の太い一本の柱となり、「やればできる」、この教材なら誰でも教えることができて、学力を伸ばすことができると、個人別指導に強い自信と確信を持ったのです。今更ながら昨日の出来事のように胸が熱くなる私です。

旅籠を追い出される　学校との葛藤《かっとう》

塾が順調に進んでいた矢先、古い建物なので「事故が起きてからでは遅いので出ていってくれ」と言われ、急に契約が打ち切られることになりました。もちろん大弱りです。急いで次の教室の場所を探さなければなりません。田舎町の物件探しは大変でした。やっとのことで見つけたのが、子供たちが通う小学校からそう遠くない場所でしたが、これがいわく言い難いものだったんですよ。家畜を診療する獣医さんの官舎だった家ですが、空き家になって時間が経っていました。小高い場所にあったんですが、道の周辺は草ぼうぼうで、たどり着くのにも一苦労でした。聞けば獣医さんの娘さんが家の庭でマムシにかまれたのが空き家になった原因とか……。クモの巣だらけで、床はあちこちで抜け落ちていて「こんなところで教室が開けるのかな？」でも、やるしかありません。

主人に手伝ってもらい草を刈り、床や畳を直し、電灯もつけて机を並べると、まあなんとか教室らしくなりました。でも、すぐ裏が山で虫がいっぱい。大きなムカデが落ちてきたことも。ハチの巣は当たり前で、ハチに追いかけられたこともありました。玄関に私の腕ほどの蛇がいたこともありました。川が流れていて、夏場はホタルが、たくさん出るところでした。その光景は目を見張るものがありました。やっと見つけて何日もかけて整えた新しい教室ですが、若かった私の配慮が足りなくて、問題が起きてしまうことになったのです。小学校に近いということは、学校にまず挨拶に行かなければならなかったのです。

誰も教室に来なくなった　学校とのトラブル

ある日のこと、時間が来ても誰一人、教室に生徒が現れなかったんです。夕方一人のお母さんが来られ、学校から塾に行くことを禁止されたと言うんです。今では考えられない話ですよね。理由を尋ねようと何度も学校に電話をしましたが、校長に取り次いではくれませんでした。しびれを切らして、小学校に乗り込むことにしました。でも、菓子折りは持っていきましたよ（笑）。校長室に通され言われたことは「学校で、まだ教えていないことを教えるのは、まかりならん」ということのようでした。当時の風潮は学校崇拝で、先生は聖職といわれ、先生の言われることは絶対的な権限を持っていました。もちろん相当な、上から目線でした。私は当然、抗議しました。「子供たちの能力を最大限に伸ばすのは、学校も塾も一緒です。日本の大切な人材を育てるために塾で頑張っているのに、なぜいけないのでしょうか」と、私は真剣に話しました。後日、職員会議にかけて結論を出すことを約束してもらいました。一週間後、塾に通ってもいいという文書が各家庭に伝えられたのです。また、子供たちの笑顔が伴教室に戻ったんです。うれしかったです。

学校とこうしたやりとりは、それからも何度となくありましたが、塾の先生として生徒たちの成長を思えばこその、せめぎ合いでした。それは、学校や塾の関わり合いを良い方向に進めるための一助だったのでしょう。その信念は、今も持ち続けています。

学校に認められる　でもまた問題が……

伴教室に通ってもいいことになり、教室に通う子供たちの班ができたんです。子供たちの安全も考えた対応で、伴教室に向かう子供たちが走っていると「ちゃんと並んで行け」と先生の声が聞こえたこともありました。私は子供たちが来る時間に、小高い教室があるところから小学校を見ていたので、そんな声も聴けたんです。

学校から教室へ並んで来る

それぞれの部落ごとに班長さんが先頭で帰宅する。伴教室に来る子たちの班長も作られて、皆並んで教室に来る。私が子供たちの可能性を伸ばすために日々情熱を傾けていることを高く評価してくださった学校側にとても感謝しました。

テスト0点にされた

それから、こんなこともありました。5年生の子供たちから、私がウソを教えたと言われたのです。分数のテストで先生の教えてくれたように解いたら0点にされたと言うんです。それは、子供たちが伴教室で習ったやりかたで、仮分数の$\frac{6}{5}$を$1\frac{1}{5}$と変えて書いたので、学校で教えた通りでないから間違いだと、0点にされたんです。おかしいです。私は、また学校に行って理由を聞かなければならなくなりました。数学的に何も問題はないので抗議したんです。その後に、塾での教え方を伝えたら、逆

獣医さんの官舎が教室に

に喜ばれましたよ。それ以来、伴教室ではこう教えるけど、学校では、こうなんだって先生がつけ足して話すようになったようです。参観日の算数の時間、塾の伴先生はこう教えると思うが、学校ではこうです。このように、算数の時間は、伴先生がよく登場したようで、先生今日も伴先生のことを算数の時間に言われとったよと子供たちが教えてくれました。ちょっとした有名人じゃあないですか（笑）。

自宅を建てる　第二教室を開きたい

結婚以来、ずっと官舎住まいでの生活が続いたのですが、昭和56年（1981）に自宅を建てることにしました。警察官は、いつ転勤があるかわからない。塾の先生を続けるなら自宅を建てていれば、そこを教室にできるから安心できる。必要に迫られたわけではないが、夫婦で決め、どうせなら「ドーンとでっかい家を建てよう」と、老人同居で一番広い家を作ることにして、住宅金融公庫で借りられる限度額いっぱいの家にしました。若気の至りか、共働きの安心からか、気が大きくなっていたのだろうか。夫婦とも36歳、息子は中学校に入る頃でした。場所は岡山市周辺部にできた大型住宅団地の中でした。

　門札は大理石、応接間のじゅうたんはふかふかのオールウール。風呂場は全体がタイル張りで大浴槽にしました。カリブ海のサンゴで作ったシャンデリアやお立ち台のようなバルコニー、屋根はピカピカの釉薬瓦と主人は凝りに凝っていました。今思えば、バブルに向かって行く時代で、私たちは一生に一度の大仕事だと、若さもあって、その空気に飲み込まれていたのでしょうね。

　二つ目の教室も開けるように14畳の専用の部屋も作ったんです。もし生徒が集まらなければ、「卓球台でも置いて遊べばいいや」と思っていま

県警柔剣道大会で優勝

伴御殿と言われた自宅

した。主人は主人で、剣道五段で高校に教えに行っていたので、剣道場にしてもいいと、すでに教室以外の使い道も考えていたのです。主人と息子、私それぞれの思いはバラバラだったのです。それぐらい先の全く見えないまま自宅を建てたのです。

第二教室を開設

自宅を建てると同時に、二つ目の教室もがんばってやろうとやる気満々の私でしたが、所属していた学習塾の事務局は、開発途上の住宅団地で生徒を集めるのは難しいのではないかと、乗り気ではなかったんです。でも、少しずつ生徒さんが集まり、14畳の教室はやがて手狭になり、応接間や和室も使うようになっていました。生徒が増えると中にはいたずらをする子が少なからずいて、オールウールのじゅうたんに落書きをしたり、大理石の門札に傷を付けたりと、たくさん悪さもされました。塾経営の宿命かもしれません。

実は、自宅を建てたのはいいのですが、一向に転勤はなく、官舎から週2回、車で新築の家に通う日々が続きました。立派なお風呂に入ったこともなく、泊まったことさえないという不思議な生活でしたね。時たま、主人が自宅のことが気になり見に行くと、自慢の家全体が教室になっていて、しかも、いたずらで傷をいっぱい付けられているると、ショックを受けていました。「何とかならないのか」と何度も言われたものの、私も申し訳ないと思うだけでしたね。お願いだからいたずらをしないでよ、とし か言いようがなかったのです。

学級会で伴教室のことが議題になる

ある日、中学1年生の男の子が肩を落として教室にやって来ました。「どうしたの？」と聞くと、学校の休み時間に塾の宿題をやっていたら、学校で塾の勉強をしてもいいのかということになり、学級会で話し合うことになったのです。いいのか、悪いのか、皆からいろいろ言われ結局、学校では塾の勉強はしてはいけないことに決まったと話してくれました。「僕は何も悪いことをしていないのに、誰にも迷惑をかけていないのに」と納得ができない不満そうな顔でつらそうでした。

よし、先生に任せて。また私は学校に電話してその時の様子を尋ねることにしました。すると、担任の先生と主任の先生が、後日、伴教室に来られました。学校の言い分は「休み時間はトイレ休憩や教室移動の時間で塾の勉強をするためのものではない」という内容だったのです。でも、彼の行為は、わざわざ学級会で話し合うほどの議題なのだろうか？

彼はトイレに行きたくなかった。教室移動もなかった。たった10分間でも無駄にしないで純真に勉強をしたいという気持ちだったにもかかわらず、彼の心を傷つけ、将来に大きく影響を与える行為なのではないのかと先生たちに詰め寄りました。私がその子の担任だったら、まず、ほめてあげたい。たった10分間の時間でも無駄にしないで学ぼうとした志の高さは、みんなが見習うべきことではありませんかと生徒たちに伝えたい。先生方に、『悪いのは子供ではない』という本を差し上げました。

その後、うれしいことに、この子のことを担任に訴えた生徒も私の塾にやって来るようになり、一緒に勉強するようになったんです。この事件で、学校と話したときに聞いたのは「子供たちの学力差が大きくて大変困っている」ということでした。九九さえおぼつかない子もたくさんいて、自分一人で学習できない子が大半だと言うのです。伴教室は一人ひとり個人別に学力を判定して、その子のできるところからスタートする。スモールステップで進んでいき、やがて学年を超えた学びもできるようになる。私の教室は、その子の能力を最大限に伸ばす教育法であることを、先生たちにしっかりと伝えることができたのです。

この事件の後、その中学校では、たし算からスタートし、引き算、九九、かけ算、わり算、分数と朝学習で挑戦させて、子供たちの指導をするようになったのです。「夏休みには小学3年生の内容から勉強したほうがいいよ」などと、先生に言われましたと言って入会する中学生が次々といたんです。そんな子供たちが私の教室に入ってくれ、この事件はいい方向に向いてくれたのです。

学級会事件で議題にされた子は少し心に傷を負いましたが、学力にあった指導に出会え、救われた子がたくさんいたのでこの事件は結果的には良い方向に向かったということです。子供たちの言い分を理解して、守ること、それは伴教室を開設したその日から貫いた熱い思いです。今振り返って、一生懸命さは我ながらすごいと思います。私の情熱は世界一なんです。それは親御さんも生徒もわかっていたようです。

息子の成長　親子で科学研究

塾の日、息子は鍵っ子になって、留守番を一人でしてくれていました。夜は中高生が多くて、どうしても遅くなってしまいます。待ちくたびれて、お腹が減った主人が「二人で先にご飯を食べようよ」と息子を誘ったそうですが「お母さんは、みんなのために夜遅くまで勉強を教えているんだから、僕は待ってあげる。お父さん一人で食べて」といつも話していたそうです。主人は「そんな言葉を聞いたら、腹が減ったと言えなくなったよ」とこぼしていました。我が家はいつも夜遅い夕食でした。

そんな心優しい息子に応えたくて、夏休みは親子でしっかりと勉強に取り組んだのですよ。夏休みの宿題になっていた科学研究や発明工夫は、我が家全員で取り組む一大イベントになっていました。

小学1年から6年まで毎年、大作に取り組んで、科学研究会長賞、学研科学賞、市長賞と、ずっと受賞を重ねていました。研究を始めようと思った動機に始まり、データ分析、資料の作成、そして発表と、発想力や構成力が求められるものでした。親子でワクワクしながら研究して、とても楽しい思い出になりました。一つのテーマを2年間続けて研究したものもありました。

秋に行われる小学校学習発表会で毎年、県で優秀な成績で表彰された研究発表を息子はさせてもらっていました。参観した保護者の中からは「あんな難しいことが子供にできるわけがない」と批判する声も聞こえました。でも、私は思っていました。子

科学研究の発表

供が不思議だなと思ったこと、興味を持ったことを、親が大きくふくらませてやることが大切なんだと。子供一人の力でできないことを、手伝うことで、どんどん次のステップに進めてあげたり、子供のやる気にスイッチを入れてあげられるのですから。親がかかわるのは、当然だと考えていました。教室での指導も、大人がその子の可能性に挑戦させてあげるように工夫することが大切なんです。

夏休みが来るたびに、息子と過ごした熱い思い出がよみがえります。教室にやって来る子供たちに夏休みの終盤に「宿題はできているの？」と尋ねると、大半の子供が「できてなーい」と答えます。「何ができてないの？」と聞けば、科学研究、読書感想文と、お決まりの言葉が返ってきます。数日ではできない研究などは大人が手伝って、何かヒントや入り口を与えてやることで、子供たちの成長があるのではないかと思うんです。子供たち一人でやるのは難しいのですからね。

勇士ペルセウス

息子が中学2年の秋、学校祭でクラスの生徒たちが劇をすることに決まりました。息子は、幼い頃から星に興味を持って星博士と言っていいほど星に詳しかったので思いついたのでしょう。演じるのはギリシャ神話に英雄として登場する「ペルセウス」。その雄姿を讃えられ星座になったと言われているんです。

日本が成立していく中で日本神話ができたように、文明の進んでいたギリシャには、世界がどのようにしてできたのかを伝える神話があります。ギリシャ神話の数々の神に先駆けて登場するのが巨大な神「ティターン」で、1911年に北大西洋で氷山にぶつかり沈没したタイタニックは、偉大な神ティターンから英語の発音にして名づけられたと言われています。息子を育てる中で、私もいささか詳しくなっていたのです。

勇者ペルセウス

ペルセウスは中世の騎士のような姿をしているので、ヘルメットや盾、剣を持ち白馬に乗っています。ペルセウスの写真を取り寄せ、母子で衣装や大道具、小道具を作ることになりました。白馬は竹を割って組み立てて骨組みをこしらえ、これに新聞紙を貼り、模造紙で白馬に仕上げました。空を飛ぶ馬なのに羽をつけるのを忘れたのは、後で気がついたことです。

いざ本番、オープニングは体育館を真っ暗にして、舞台の壁に星座を映し出して、説明のナレーションが入りました。ストーリーは、数奇な運命に生まれたペルセウスが母親を助けるために、王様の命令を受け、メデゥーサという女怪物の首をとって帰る冒険に出るというものです。メデゥーサは頭の髪がヘビでできていて、その顔を見たものは皆、石にされるという悪い奴です。多くの苦難を乗り越えて首をとり、喜んで帰る途中に、怪物クジラの生贄にさせられそうになっていたアンドロメダ姫を助ける物語なのです。ペルセウスとアンドロメダ姫は、その後結婚し幸せに暮らしました。長い話ですが、なんとか短くまとめて上演しました。

クライマックスの怪物クジラにメデゥーサの首を見せて、石にしてしまうのですが、どんでん返しの仕掛けもうまくいき、圧巻の出来となりました。

脚本作りに始まり、主役ペルセウスを演じた息子の大活躍で見事な文化祭の出し物になりました。大きな拍手が続いた中で、「よくやったね。でも母親の力もあるのよ」と心の中で私はつぶやいていました。拍手はいつまでも終わりませんでした。

専用教室を建てる

国語力の高い子は学力も高い、優秀児は読書量がすごいと、学習塾の創始者の会長の熱い話を聞き、私も同じ思いで日々生徒の指導に当たっていました。国語力をつけることで、なかなか学力が伸びない子を助けることができるのではないか、せっかく算数を学びにきているのだから、国語力を伸ばすことでより早く成果が上がると信じていました。

でも、その時の教室のスペースで生徒の人数を考えれば、単純に計算しても二つの教科を教えるとなると2倍の広さが必要になってきます。「もっと広い部屋がいる」、塾の専用教室を建てる気持ちが強くなっていきました。自宅を建ててローンを払っているのに、また借り入れして建てるのは、「主人も絶対に反対だろう」と考えていましたが、何とか説き伏せたんです。

しばらくして不動産屋が持ってきた土地が気に入り、購入し建設を決めたのです。道路に面していて教室を作るにはうってつけの場所でした。住宅金融公庫はもう使えません。生命保険の会社から、記憶では6%と、今から考えるととてつもなく高い金利ですが、子供たちを育てるためだと、専用教室を建てることを決断したのです。

専用教室(第2教室)

会長講座を聞いたのが4月、それから5カ月後の秋に算数と国語を教える新しい教室がスタートしたんです。子供たちを日本の人材という財産「人財」と考え、育てなければならないと話す会長の思いに引っ張られていく私がいました。時代の変化で、その後、英語教室も併設しました。国語教室を開いたこの頃から、私は子供たちの基礎学力を育てることに、全力を尽くす人生を突き進んでいくことになりました。

子供たちの国語力はどうかな

国語学力診断テストでわかった驚くような結果。それは小学3年生までと小学6年生までで比べると、学年が上がるにつれ国語力の低下は大きくなっていたのです。文字、文型、読解の三分野で平均的に点数が伸びているのは、小学3年生までだったんです。4〜6年生の高学年になると極端に読解の分野で点が取れなくなるのです。

小学3年生までは生活文が主体なので普通に生活していれば、まあまあ理解できる内容なのですが、高学年になると出題されるテーマの範囲が広くなるからなんです。政治、経済、歴史、理科、科学、文学など、読書をしていれば、その知識を応用して文章が読み解けます。でも、本に親しんでいない子にとっては、これが難題となります。それが、学年が上がるにつれ国語のできない子、嫌いな子になってしまう原因だと考えられます。

国語ができないということは、文章の意味が読み解けないので、すべての教科で理解に繋がらないのです。これが学力不振に繋がります。算数の文章題がうちの子はできないと悩む親御さんはとても多いのです。何を聞かれているのかが、わからなければ答えが導けるわけがありません。国語力を鍛えることが一番の解決策と私は考えています。

英語は日本語の文章と比べて、動詞の場所が前か後かなど文法が違います。それを理解していけるのも、やはり読む力や語彙《ごい》力があってこそなんです。先々、数学、英語、理科、社会すべての基礎となる土台を地道に磨かなくてはなりません。子供たちの将来を明るくするために、算数の教室から始まった私の教室は、算数と国語を学力の両輪とする指導へと進化していきました。一輪車では遠くまで行くことはできませんが、二輪・三輪となると、ふらつかないし、遠くまで走行することは可能となります。算数・国語の総合力で能力は大きく拡大されていくのです。子供たちに愛を注ぐ誰にも負けない個人別指導の伴教室をしっかり地域に根ざしていきました。

教室だより

私は教室を始めてから毎月、自分の言葉で、今の教育状況、世の中で起きているニュースや子供たちの伸びている様子などを書いた「教室だより」を作り、子供たちや保護者とコミュニケーションをとってきました。そこには、日本の教育の問題や課題がどのようなものなのか。伴教室は、そのことに、どのように対応しようとしているのかも書き込んできました。

多くの塾が林立する中で、子供の能力を伸ばしていけるのは、唯一個人別指導しかないことを力強く伝えていきました。そして、何よりも将来社会に貢献できる人材に育ってほしいとの思いは、伴教室を開設した時から色あせることなくずっと今も続いていることです。愛のメッセージは現在進行形です。

田中公園前 教室
算数・数学・英語・国語
指導者 伴 節己
〒700-0951 岡山市田中５６０－２
tel：086-243-4146

教室だより

9月

「読み書き計算」には自信があります！

子どもの将来を考えるなら小学生の頃より進路について親子で本気の対話をし勉強することの意義を教え勉強することがどんなに楽しいものかを体感できる子に育ててほしいと願っています。鉄は熱いうちに打て 幼少期から目標を持ち賢い子に 優秀児は作られる。自然には育ちません。

学びの中心柱 基礎基本は「読み書き計算」であるにもかかわらず世間では軽視されやすく、文章題だ図形だと枝葉の部分に目の色を変えている人も少なくありません。本質を見失わないようにしましょう。読解力や計算力はそう簡単に身につくものではありません。たし算も計算ですが微分積分も計算です。長い長い計算の一本道を寄り道しないで進んでいきましょう。

わり算に強くなることが数学得意への道

わり算は3年生で習います。あまりのわり算は3年生までのたし算ひき算九九のまとめの内容です。わり算も3種類の型があり、その中でも特に重要な第3類型のわり算100問を15～20分以内で解けることを目標としています。難しくて手ごわい内容なので子どもたちは皆苦手とする内容です。

第3類型わり算とは、あまりのあるわり算であまりを出すとき繰り下がりのあるひき算をしなければならない問題のことです。教材ではC131～160です。

35÷9＝　15÷8＝　20÷3＝　52÷7＝　などです。

わり算を学習している人はパッパッと答えが出るまで練習をイヤがらず続けましょう。必ずすらすらできるようになります。

間違い（ミス）を味方にする

自分が解いた問題は、自分の弱点を知るとてもよいチャンスだと思いましょう。カッとなってすぐ消さない 今後同じミスをくり返さないためにどんなミスをしたかしっかり確認しましょう。

夏休み頑張った力は２学期大きな力となって皆を応援してくれます。いつまでも暑い日が続きます。体調には気をつけて２学期がんばりましょう。

2022年 9月の学習日

Sun 日	Mon 月	Tue 火	Wed 水	Thu 木	Fri 金	Sat 土
				1	2	3
4	5	6	7	8	9	10
11	12	13	14	15	16	17
18	19	20	21	22	23	24
25	26	27	28	29	30	

教育だより　2022年9月

第3章

スタッフ（助手先生）に助けられた教室

教室の開設当初は生徒も少なく、教えるのは私一人で大丈夫でした。「らららら〜……」と、スキップを踏みながら教室に通っていましたね。それぞれの子供たちの学力に合わせて教える、個人別学習の効果が高く、地域の人たちから絶大な評価と信頼をいただけるようになっていました。多くの生徒さんが集まったのはいいのですが、一人では手が回らず、プリントの採点をしたり、わからないところを一緒に考えて教える助手の先生が必要になってきたのです。

私と同じ思い、情熱を持って子供たちに向き合ってくれる存在はとても大切です。私の教室を卒業する生徒が増え、その中から岡山大学に進学した学生に声をかけて、助手先生をお願いするようになりました。子供たちのプリントを採点して100点を書くたびに「これで世界平和に一歩近づいたね」というのが合い言葉で、チーム伴一丸となって日々指導に当たっていったのです。一つ丸をするたびにどうして世界平和に一歩近づくのか……。それは、人格的に立派で学力も高ければ、他人に優しく、こぜり合いは起きないでしょう。いじめもなく戦争も起こらないだろうと考えるからです。

精神的に少し弱くすぐくじけそうになる子、新しい学習内容に入った子など、それぞれの子供たちの性格、学習内容をスタッフ全員で共有し、いつも楽しく学んで笑顔で子供たちが帰っていけることを目指しています。私一人ですべてのことはできません。ですから助手先生の力はとても大きく、日本の将来を担う子供たちの育成にかかわってくれている多くの岡山大学の学生には、感謝の気持ちをいつも伝えています。開設当初からずっと私を支えてくださる助手先生がいます。二人のお子様は教室の卒業生で、幼い頃から持ち続けていた夢を実現し、大きな病院で地域の医療に大きく貢献されています。子供たちの指導、教室の管理、何でも安心して任せられる信頼できる人で、今も私を助けてくれています。本当に感謝の気持ちでいっぱいです。

東日本（東京）西日本（大阪）の指導者集中研修の講師

私の所属している塾本部では、毎年の活動方針を打ち出しています。それに応じて、生徒の学力や経営などの実績が上がるように、日々の努力を重ねてきました。ある年の方針は「学習枚数のUpできる子を育てる」でした。

私の指導は開設当初から高学年で入会し、それもかなり学力が不振で、中学2、3年でも小学2、3年の学習からスタートする子が大半でしたから、早く学年相当に近づこうと思えば、学習する量、つまりこなす課題の枚数を多くしなければなりません。学習習慣のない子で宿題もなかなかできないとなると、教室で勝負するしかありません。たし算、引き算、かけ算、わり算、分数計算が速くできるようにと、1時間2時間の教室での学習は当たり前で、1カ月にすると200~300枚の教材を解いていましたね。事務局からは、いつも「教材を使いすぎる」と注意を受けていたのですが、それは子供たちのためなので学習量の多さはずっと続いていました。

それで結果がついてきて、定期テストで10点ほどしか取れなかった子が、半年もすれば70~80点は取れるようになっていったんです。子供たちの限界に近いほどの枚数を頑張らせている指導者にとっては、「学習枚数Up」の方針は全くお門違いです。

そんな頃に、東西の指導者研修会の講師の依頼が来たのです。筋書きが決まっているようなことを伝えるだけの講師なら引き受けられないと、何度も断りました。でも、結局押し切られた形で講師を引き受けることになったのです。

質疑応答もあるので、返答に困った時は塾本部の指導チームに振ってくださいと言われていました。かなりな質問を受けましたが、すべて完璧に対応できたと自負しています。個別学習を続けて中学でき、高校でも特別できるようになる指導は先生の熱い思いでどこまで、その能力を引き伸ばすかにかかっていると考えます。

伴教室での奇跡とも思われる子供たちの学習の効果は多くの先生方の気持ちを熱くさせたことは、言うまでもありませんでした。

せっかく育てた生徒を「他の塾に引き抜かれてしまった」、よくある話です。これは本部の責任ではないのか……。そんな質問も出ました。これは責任を転嫁していると思いました。指導者も個人別です。教室の状況も、それぞれに違うのです。ですから、自分の教室のことは自己責任なのです。「本部は何の関係もないと思いますが」と私はきっぱりと答えました。

指導者としての研修会など学びの場は多く、いつも勉強、勉強でした。こうした研修会は勉強する集団ではありますが、私はほんの少し遊び心、心のゆとりが必要と思っていました。そこで、この東西の集中研修会で風穴をあけたいと、研修会の企画段階で担当者に「集まった先生たちにプレゼントをしたい」と申し出ていました。それは、息子たちのグループが音楽の演奏をするというものでした。「そんな余興は必要ないので許可できない」とそっけなく断られたのです。しかし、数日後に社長から電話があり「ぜひ、その話を進めてください」とうれしい連絡が入ってきたのです。社長は音楽が好きだと聞いていたので、上手く事が運んだのでしょう。

　ホテルの大きな部屋なので音響が必要で、それも用意しました。息子のグループは尺八、シンセサイザー、パーカッションなどで、集まった先生たちに短い時間ではありましたが、今まで聞いたことがない音楽を楽しんでいただきました。安らぎをプレゼントできたのです。先生たちにとても喜んでもらえたのは言うまでもありません。大阪会場でも東京会場でも企画は大成功。でも、本部からお金などの支援はもらっていません。我ながら頑張ったものです。研

尺八大魔神（息子のCDアルバム）

修会に参加してくれた先生たちがやる気になって、元気になったのではと私はとてもうれしく満足でした。

全国の個別指導教室で学んでいる子供たちの指導にまた明日から多くの先生たちは力を発揮されることでしょう。百点満点の研修会でした。

息子には絶対音感がついていて、音楽をやる人生となっています。河野洋平さんが外務大臣だった頃、ドイツのコール首相の前で演奏をしたこともあります。海外での演奏も何度となく経験し現在に至っています。

第三教室をやりませんか

事務局から岡山市内で第三教室を開きませんかと打診がありました。平成5年（1993）のことで、指導者歴は15年となり、2つの教室は順調に運営できるようになっていました。本部が言うには、すでに場所は決まっていて指導者を探しているのだという。再三、声を掛けられて、不安ではあったが、私の心にまた火が付いたのです。

紹介された場所、物件は、条件があまりにも悪いので、それを断り、すぐに不動産屋に探してもらい、結局、土地を買って教室を建てることになったのです。なんと、本宅、専用教室に続いて第三教室と、3つもの物件を借金して建てることになってしまったのです。生涯借金生活になるかもしれないのに、時代の空気に押されたんでしょうか。バブルの名残がまだある時のことで、土地は過去最高の高値で、なかなかの金額だったのですが思い切って買ってしまいました。

当時、主人は相変わらず忙しい毎日を過ごしていました。殺人事件が起きると捜査本部が設置されて、専従で捜査に当たるので昼夜関係のない生活になるんです。仕事のことは話してくれないので、何をしているかわからなかったのだけど、これが刑事の鉄則なんでしょうね。自宅はできたのに、官舎暮らしがずっと続いていました。それなのに、家や教室が増えていくという不思議な夫婦ですよね。

教室での指導が終わって夜遅くに官舎に帰るのを、2階の窓からこっそり見られていたみたいで、「伴さんの奥さんは何をしているんだろうか」、そんなうわさ話は私の耳にも入ってきていましたよ。

さて、第三教室を開くにあたって本部長面談がありました。1年で生徒数をどれだけ伸ばせるのかなど、事業計画にあたるものも提出することになっていました。3年間で軌道に乗せるという話になり、またまた私は働きアリになってしまったのです。教室は2件目となる自宅の一部屋ですが実に40畳のスペースです。周囲は田んぼで民家は少なく「こんなところで教室を開いて、カエルやスズメが生徒になるんですか。3年かかっても100人はおろか50人も生徒は集まらないでしょう」と言われバカにされました。でも、自分で判断したこと、後には引けず頑張るしかありませんでした。

どうしてここまで塾に力を入れるのか。主人も周りの人もあきれていました。「借金がもし払えなかったらどうするのか」と心配もされました。でも事務局の心配をよそに「借金は私事です」。迷惑はおかけしません、そんな誓約書を本部と事務局に対して書かされたんです。払えなくなったら家を売ろうと思っていました。こっそり打ち明ければ、借金をするたびに主人の体が保険の担保になっていたということです。今から思えば、本当にごめんなさいの話ですね。主人も納得の借金でした。

第三教室となる自宅

住宅展示場へ、どんな家を建てるのか見に行き、最初に入ったのがセキスイハイムのドマーニだったのです。外見がとても素敵でセンスが良かったんです。ドマーニは「未来」というイタリア語で、一歩家に踏み込んだ段階で、「これは私のための家なんだ」と即決したんです。主人は、「決めるのが早すぎる、他の家も見よう」と何度も言ったのですが、もう見る必要はないと私は確信していました。

実は、案内した社員は新人で、初めて案内したのが私だったそうです。それが、すぐに「この家買います、建てます」ですから、だまされたんじゃないかと思っていたという笑い話もありました。その新入社員さんは、それからずっと連絡をくださり、中四国地域の所長まで昇進されたんですよ。第三教室はドマーニですから、絶対に未来は輝くと信じていたのです。実際にそうなりました。すごいでしょう。

開設したものの、生徒は一人も来ない

第三教室を開いたのはいいけれど、生徒の募集チラシをまいたのに、一人も生徒が

来なかったのです。思惑が外れ、来たのは保護者らしき三人だけでした。教室での助手先生の募集もしていたので、その問い合わせの人だったのです。結局、我が子を伴教室に通わせたいという人は、一人もいませんでした。助手先生を二人採用して、6月の第一回の学習日がやってきたのです。当日に助手先生は何もすることがなくて、その後生徒が来てくださらないままで、教えることなくやめられました。

夏休みに入っての生徒募集に期待をかけて、地域の人たちに事情を聴いてみると、個別塾は小さい子ばかりで簡単なことしか教えないとか、おばさんがやっているとか、必死に指導に取り組んできた私の思いとは裏腹な声が聞こえ、情けない気持ちでした。近所のおじさんがやっている塾は、おじさんの塾と呼ばれないのにと、腹立たしく思ったものです。

当時は新聞の購読者が多かったので、折込チラシの効果に期待して、生徒を待ちました。個別塾とは「子供たちの将来を保証する学力をつける塾である」ことを、訴え続ける必要性を強く感じていました。

独自チラシの作成に踏み切る

新しい教室に生徒が集まらないことを受け止めて、私はこれまでにない作戦に出ました。伴教室の力が伝わるような独自のチラシを作って、地域に塾の力を知ってもらうことにしたのです。

大手学習塾では一回のイベントに対して、7、8回のチラシでアピールしていました。経済基盤がしっかりしている教育産業の会社ではできても、伴教室ではそれは許されません。

生徒が集まらないピンチで作った独自チラシには、私の指導に対する情熱、助手先生の全員が教室の卒業生も含む岡山大学生であることを掲載しました。そして、幼稚園から中高校生までが難問に取り組む写真、個人別指導ならではの実績・成果も載せて訴え続けたのです。

1年、2年、3年と経つうちに少しずつ地域での知名度が上がり生徒さんが入会してくれるようになったんです。感謝しかありません。

私のチラシを参考にされる先生方も次々に現れて、世間に個別指導が、いかに子供たち一人ひとりの能力を伸ばすかを理解してくださるようになったと思うのです。

そこにあったのは、お金儲けのための塾ではなく、一人の熱心な指導者が、目の前にいる子を何とか伸ばしたいという熱い心を持っていることを理解してほしかっただけなのです。

教室を次々に建てて借金は増えるばかりでしたが、それは子供を育てて大げさかもしれないのですが、世界の平和に繋がるのだという私の思いだったのです。私はいつ

伴教室チラシ

も夜遅くまで子供たちと向き合う生活が続いています。

教室開設20周年の会

塾を始めた時のことで思い出すのは、「午後2時から6時、六畳一間で」という募集の言葉です。開設した理由は、その言葉にひかれたのではなく、小学校に入った息子が算数が苦手で、塾の指導で学べば役立つという思いで始めたのです。でも、夢中で指導を続けているうちに、いつの間にか、塾が自分の人生そのもののようになり、20年もの歳月が過ぎていました。昭和53年（1978）33歳で始めた塾ですが、時は平成になり数年が過ぎ、知らぬ間に五十路を迎えていました。

こんなに長く続けられたのも、主人の理解があって、息

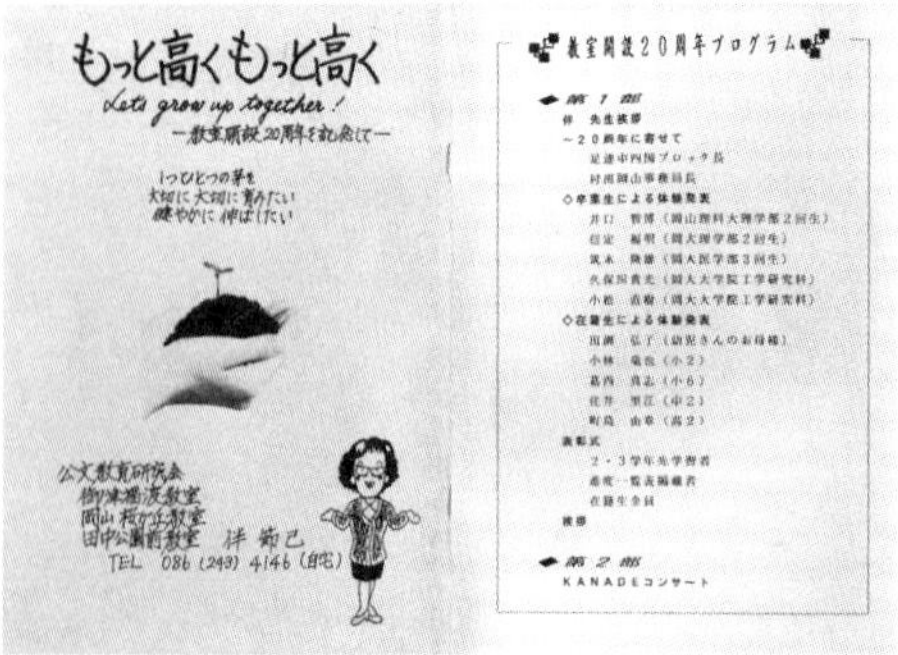

20周年記念式典のプログラム

子が素直で自分らしく生きてくれているから。家事も子育ても手抜きをすることなく頑張る主婦が仕事をもつことは、いいかげんな気持ちではできません。そこには、生徒さんの学力を上げることを保証して、将来の夢をかなえてあげる手伝いがしたいという強い気持ちがあればこそ指導を続けられたのです。普通のアルバイトのような仕事ではないのです。私を支えてくれた多くの人たちに感謝の気持ちを伝えて、これからも頑張りたいとの思いで教室開設20周年の会を開くことを決めました。

会は二部構成にして、一部では、教室のOBの体験発表、保護者や生徒の発表をして、熱気のあふれる話が飛び交いました。二部は息子が音楽でみなが幸せになったらいいと、バンドを組んで活躍しているメンバーの演奏会を開きました。

主人公は子供たちなので、一人一人が教室で学んでいる様子を写真に撮り、それを

教室だより

公文式 桜が丘数学・英語・国語教室

12月

もっと高くもっと高く

Let's grow up together!

多くの感動をありがとう。

去る11月10日(日)多くのご父兄の方々、生徒、卒業生たちを迎えて会場は熱気でいっぱいでした。
遠方から駆け付けてくれた卒業生たちが『やっててよかった公文式』と大きな声で教室の生徒さん達にエールを送ってくれました。
そしてOB、在籍生による体験発表には、会場の皆んなが熱いものを感じました。その時の感動が興奮がまだ覚めやらず今もなお続いています。

「初心不忘」
公文会長は、くだらない初心など忘れてしまえとおっしゃいましたが、私は指導者になった時から大きな使命感を抱いて日々お子様たちを指導しています。ご父兄の方々にもお子様に公文式の学習を開始された時の最初の気持ちを思い出していただきたくて「初心不忘」の世阿弥のことばを書いた軸を皆様に見ていただきました。

皆様からいただきましたお心遣い、たくさんの花束ありがとうございました。心よりお礼を申しあげます。

当日会場で皆様にお土産としてお渡ししました色紙は私が書いたものです。
子供たちは何一つ持ってない体一つ、でもその中には可能性の芽は限りなく尽きることはないよ。
『無一物中無尽蔵』私は、その子供達の可能性をこれからも、もっと高くもっと高く伸ばしていくために頑張ります。という意味を含めて書きました。ご笑納下さい。

12月の学習日

日	月	火	水	木	金	土
1	2	3	4	5	6	7
8	9	10	11	12	13	14
15	16	17	18	19	20	21
22	23	24	25	26	27	28
29	30	31				

12月17日(火)検定テスト

公文式

教室だより　1996年12月

表彰状に貼って手渡ししました。子供たちが勉強を頑張っている様子を書いた作文を集め「もっと高くもっと高く」という小冊子も作ったのです。みんな感動して、明日からまた意欲を持って学んでいけるという気持ちがいっぱい感じられました。大成功に終わった開設20周年の会ですが、まだまだ、指導者としての仕事が続くことを強く感じた一日でした。

2歳で読書ができる子　幼児コーススタート

「歌200読み聞かせ10000、賢い子」。これは幼児の能力の可能性を追求する子育て論の標語として全国に発表されたものです。

平成に入ってすぐの頃は、まだ幼児期から塾へ通う風潮はなく、私の教室も小学校高学年からで、中高生がほとんどでした。中高生の指導には、誰にも負けない自信を持っていたのですが、幼児の指導は進んで指導しようとは思ってはいなかったのです。でも、幼児から高校生までの教室にすることは、正常な教室の形態でとても重要なことだと思っていました。幼い頃から、どのように知識・学力を身に付けていくか、それは中高生の指導にも大きく繋がると考えてはいました。

そこで、幼児の募集を始めることにし第一歩を踏み出しました。伴教室は学校の補修的な存在ではなくて、その子の可能性を最大限に伸ばす英才教育なのです。幼児の可能性は無限大だと考えられていて、可能な限り幼児期から伸ばす教育が大切なことはわかっていました。

募集広告を何度か出して、7人の幼児が教室に入りました。

幼児コース

季節の行事、豆まき、ひな祭り、こどもの日、七夕祭り、落ち葉集め、時計、形、お金など手作りの教材を私が夜遅くまでかかって作っていました。それらを教材とセットで使い、楽しい幼児コースがスタートしました。その後、幼児コースから多くの優秀児が育っていったのです。K君もその一人で、幼児コースの一期生でした。幼稚園児で英検三級に合格して、テレビ、新聞、本などで何度も紹介されるほどでした。その頃は、英語も今ほど関心が高くなかったのですが、幼児から英語を学べば音楽の絶対音感と同じように体で覚えるのだということを実感したのです。

中学高校の内容に繋がる幼児指導

〈幼児期に身に付けておくべき10の基礎概念〉

①色（赤・青・黄・の基本三原色、あとは多いほどよい）
②形（○△□の平面、柱、すい、球……）
③大小（大きい、小さい……）
④数（ひとつ、ふたつ、みっつ……、1、2、3……）

⑤量（多い、少ない、半分、同じ、もっと……）
⑥空間認識（前後、上下、左右……）
⑦比較（長い、短い、高い、低い……）
⑧順序（1番目、2番目、いちばん前、上から4番目、3番目に大きい……）
⑨時間（昨日、今日、明日、何時、5分、10分、30分（半）……）
⑩お金（1円、5円、10円、50円、100円、1000円……）

①「赤いいちご」「青いペン」「黄色いバナナ」など、実物で教える。三原色がわかるようになったら、白、黒、緑、ピンク、だいだい、紫、茶など、わかる色をどんどん増やす。多いほどよい。優れた色彩感覚を育てるには、まず、何よりも外へ連れ出て、自然の景色のなかの色に目を留めさせる。朝日、青空、白い雲、緑の木々、自然のなかに色は事欠かない。名画などにも触れさせ、絵の具を与え、混ぜて色を作ることも教える。作った色で絵を描かせる。

②日常の生活の中にいろいろな形があることに気づかせる。「まるいお月様、まるいお日様」「四角い窓、四角い本」「三角のサンドイッチ」など。○△□がわかるように

なったら、だ円、ひし形、台形……平面の次は立体へ。○△□を描けるようにする。また、ブロックでいろいろな形を作って遊ばせると、形を立体的にとらえられるようになる。

①＋②で『世界の国旗カード』などもよい。

③大・小は子供にとってわかりやすい概念。「お父さんは大きい」「子供は小さい」「ぞうは大きい」「ありは小さい」など。

④数に強い子に育てるには、できるだけ早い時期から、生活のなかの数に気づかせ数になれ親しませること。食事の時にお父さん、お母さん、子供の茶碗の数、箸は2本ずつ……、お風呂では、目は2つ、鼻は1つ、口も1つ、指は5本のように身体の部分で……、外出したときは、りんごを5つ買う、パンは6枚切り、階段がいくつ、車の数……と、いつも数に注意を向けさせる。

⑤「多い」「少ない」「もう少し」「もっと」などがわかること。コップに牛乳を注いでどっちのコップに多く入っているか考えさせたり、「半分にして」「もう少し入れて」など、日常生活のなかで自然に覚えさせる。また、買い物で、「200gの肉」の量はどのくらいか、「1リットルの水」はどのくらいかなども体験させる。

⑥「上下」「前後」「左右」「内外」「遠近」を、机の上下、子供の手の左右、箱の内外、投げたボールの遠近など、具体的な事例で教える。

⑦「〜より大きい」「〜より小さい」「〜より多い」「〜より少ない」というのが比較。まず、「2つの物を比べることが比較だよ」と教える。2本の鉛筆を出して、どちらが長いか、短いかについて、「こちらの鉛筆がこれより長い」のように教える。

比較を教えるために、反対語をできるだけたくさん覚えさせることが大切。暑い⇕寒い、早い⇕遅い、甘い⇕辛いなど、反対語はすべて比較するときに必要な言葉となる。

⑧「1番目、2番目、3番目……、いちばん前、いちばん後」という順序のほかに、「上から4段目、いちばん上の段の右から5番目」というように座標で見るときもある。また、「3番目に大きい」「2番目に長い」など、大きさや長さの順序もある。

⑨時間を表す言葉は「今日、明日、昨日、今、さっき、1時、2時……、午前、午後、朝、昼、夜、1週間、今週、来週、先週、今年、来年、昨年、年、月日、曜日」などさまざま。特に時間感覚の理解が大切で、「10分前だよ」「5分待ってね」などがわからないと生活に困る。生活のなかに時計を取り入れ、時計を意識させて時刻を読

む習慣を付ける。また生活のリズムを正しくするために、食事の時間、散歩、本読み、プリント学習、就寝の時間を決めて習慣化する。

⑩金銭感覚を身に付けるには3〜4歳の頃が大切。「お店屋さんごっこ」などの遊びを通して金銭感覚を育てる。買い物、バス、電車の切符を買う際など、他人に迷惑にならない程度に生活のなかでお金に触れさせる。1円が5枚で5円、10枚で10円、5円が2枚で10円、10円が5枚で50円、10枚で100円……などについても、おもちゃのお金を使って両替ごっこをしながら教える。幼児期にこのような体験をもたない子供は、学校の文章題で問われていることが抽象的に思えてさっぱりわからない、ということになる。

〈イキイキ、ハツラツ、お母さんの笑顔、感動いっぱい子供の笑顔〉

これらの働きかけで子供たちは自然に賢い子に育っていくのです。〜をしなければならない……ではなく、我が子といっしょに楽しく遊びながら身につけていく十の基礎概念です。

中学・高校の内容につながる幼児指導でなければ伴教室ではない

〈幼児期に身につけておくべき10の基礎概念〉

① 色（赤・青・黄の基本三原色、あとは多いほどよい）
② 形（○△□の平面、柱、すい、球…）
③ 大小（大きい、小さい…）
④ 数（ひとつ、ふたつ、みっつ…、１、２、３…）
⑤ 量（多い、少ない、半分、同じ、もっと…）
⑥ 空間認識（前後、上下、左右…）
⑦ 比較（長い、短い、高い、低い…）
⑧ 順序（１番目、２番目、いちばん前、上から４番目、３番目に大きい…）
⑨ 時間（昨日、今日、明日、何時、５分、10分、30分（半）…）
⑩ お金（１円、５円、10円、50円、100円、1000円…）

①「赤いいちご」「青いペン」「黄色いバナナ」など、実物で教える。三原色がわかるようになったら、白、黒、緑、ピンク、だいだい、紫、茶など、わかる色をどんどん増やす。多いほどよい。優れた色彩感覚を育てるには、まず、何よりも外へ連れて出て、自然の景色のなかの色に目をとめさせる。朝日、青空、白い雲、緑の木々、自然のなかに色は事欠かない。名画などにもふれさせ、絵の具を与え、混ぜて色を作ることも教える。作った色で絵を描かせる。

②日常の生活のなかにいろいろな形があることに気づかせる。「まるいお月様、まるいお日様」「四角い窓、四角い本」「三角のサンドイッチ」など。○△□がわかるようになったら、だ円、ひし形、台形…平面の次は立体へ。○△□を書けるようにする。また、ブロックでいろいろな形を作って遊ばせると、形を立体的にとらえられるようになる。

①＋②で『世界の国旗カード』などもよい。

③大・小は、子どもにとってわかりやすい概念。「お父さんは大きい」「子どもは小さい」「ぞうは大きい」「ありは小さい」など。

④数に強い子に育てるには、できるだけ早い時期から、生活のなかの数に気づかせ数になれ親しませること。食事のときにお父さん、お母さん、子どもの茶わんの数、はしは２本ずつ…、お風呂では、目は２つ、鼻は１つ、口も１つ、指は５本のように身体の部分で…、外出したときは、りんごを５つ買う、パンは６枚切り、階段がいくつ、車の数…と、いつも数に注意を向けさせる。

⑤「多い」「少ない」「もう少し」「もっと」などがわかること。コップに牛乳を注いでどっちのコップに多く入っているか考えさせたり、「半分にして」「もう少し入れて」など、日常生活のなかで自然に覚えさせる。また、買い物で、「200gの肉」の量はどのくらいか、「１リットルの水」はどのくらいかなども体験させる。

⑥「上下」「前後」「左右」「内外」「遠近」を、机の上下、子どもの手の左右、箱の内外、投げたボールの遠近など、具体的な事例で教える。

⑦「～より大きい」「～より小さい」「～より多い」「～より少ない」というのが比較。 まず、「２つの物を比べることが比較だよ」と教える。２本の鉛筆を出して、どちらが長いか、短いかについて、「こちらの鉛筆がこれより長い」のように教える。

比較を教えるために、反対語をできるだけたくさん覚えさせることが大切。暑い⇔寒い、早い⇔遅い、甘い⇔辛いなど、反対語はすべて比較するときに必要な言葉となる。

⑧「１番目、２番目、３番目…、いちばん前、いちばん後」という順序のほかに、「上から４段目、いちばん上の段の右から５番目」というように座標で見るときもある。また、「３番目に大きい」「２番目に長い」など、大きさや長さの順序もある。

⑨時間を表す言葉は、「今日、明日、昨日、今、さっき、１時、２時…、午前、午後、朝、昼、夜、１週間、今週、来週、先週、今年、来年、昨年、年、月日、曜日」などさまざま。特に時間感覚の理解が大切で、「10分前だよ」「５分待ってね」などがわからないと生活に困る。生活のなかに時計を取り入れ、時計を意識させて時刻を読む習慣をつける。また生活のリズムを正しくするために、食事の時間、散歩、本読み、プリント学習、就寝の時間を決めて習慣化する。

⑩金銭感覚を身につけるには３～４歳の頃が大切。「お店屋さんごっこ」などの遊びを通して金銭感覚を育てる。買い物、バス、電車の切符を買う際など、他人に迷惑にならない程度に生活のなかでお金にふれさせる。１円が５枚で５円、10枚で10円、５円が２枚で10円、10円が５枚で50円、10枚で100円…などについても、おもちゃのお金を使って両替ごっこをしながら教える。幼児期にこのような体験をもたない子どもは、学校の文章題で問われていることが抽象的に思えてさっぱりわからない、ということになる。

<イキイキ、ハツラツ、お母さんの笑顔、感動いっぱい子どもの笑顔>

中学・高校の内容に繋がる幼児教育でなければ伴教室ではない

荒れに荒れた中学校

私にできることは、その子の能力を引き伸ばし優秀にすること。それに尽きるわけで、頑張るといっても指導に力を注ぐことしかない。その頃中学校が荒れに荒れていて学らんも短いのや長いのや裏地に龍が付いていたり、の服を着て公園で大騒ぎをし、何しろめちゃくちゃだったのです。

朝公園の掃除をするのが私の日課となっていました。もうたまらん。中学校へ連絡しよう。しかし、補導の先生はいつも不在。校長先生もいない。本当に先生はいないのか……って感じで全然対応されないので、最後の手段、110番通報も何度もしました。

学校側の生徒指導は全くできておらず、目に余るものがありました。だから仕方なく、パトカーを呼ぶ行動に出たというわけです。

この公園は警察が来るのでもうだめだと、中学生たちは別の公園に移っていきました。自宅前の公園は静かになったけれど、またほかの公園で騒いでいるでしょう。

学校側は何の対応も説明もなく、子供たちの荒れた状況はずっと続いていました。

あの子をなんとかしなければ

中学2年生の仲良しが、数学さっぱりできないから連れてきた、と言って、二人でやって来ました。髪は茶色、前髪はすだれのようで全く顔は見えません。勉強を放棄した子の大半が服装や髪型などに乱れがある。この子も同じなのです。

小学校2、3年レベルからやり直し、高校受験までに中学課程を習得させなければなりません。友達を思っての優しい行為に指導者としてまたもや熱い思いがこみ上げる。絶対何とかする。先生について来れるか、イヤとは言わせない。君の人生だよ。その日から学習がスタート。1週間後には頭髪を黒くし前髪も短く切りました。なんとイケメンでびっくり。どんなにぐれていても必ず更正させ学力を付けて卒業させる。伴流の指導法がまたもや光っていました。

学校が荒れ、学生服の変形を喜んで着、タバコを吸い集団でたむろする。学校は見て見ぬふりをしていました。

神聖な教室なのに、トイレでタバコを吸った男子中学生がいました。3人のうち、誰かではある。大声で「身体検査をするぞ。皆裸になれ!!」とさけんでいた。暴力指導者ならぬ、金八先生もどき、伴教室には、このような、大変な子供たちが多くいました。体力、気力全開の伴先生がそこにいたのです。

3人の中の1人がたばこを持っていた。すぐ取り上げた。成人したら取りに来い。それまで預かっておくからな。……未だ取りに来ていません。

その子も頑張って高校進学し、家業が建設会社だったので、建築学科の大学へ進学。お父様から感謝の言葉をいっぱい頂きました。今では立派な社長になっていることでしょう。

春休みのある日

お母さんが教室を訪れた。息子が二人いて、上の子は、もう手おくれでどうにもならないから下の子を今からお願いしたいと言われました。下の子は小学3年生、上の子が4月から中3になります。高校入試まで後1年しかありません。私は下の子より上の子の方を心配した。あと1年しかない、ではなく1年もある。1年あれば、何とか救えますよ。例によって血が騒いだ。この子を救わなければ。

熱心な私の話にお母様はほんの少し希望を見つけた様子でしたが、彼はとても強情で、その上野球が大好き。部活を続けているので時間がないと言う。時間は作り出すもの、まあ一度教室へ来させてください、と約束をした。数日後ユニフォーム姿の彼が教室へやって来た。坊主頭で礼儀正しい子でした。彼の希望はこの学区からは5%しか入学できない、レベルの高い高校でした。分数はぐちゃぐちゃ、途中式はどこかになぐり書き、小学4年レベルから学習を開始。私との会話で、真剣な私に対して、今まで多くの先生に出会って来たがこんな先生は生まれて初めてです、と言ってくれました。大日本帝国の軍人とも言える礼儀が正しい子でした。

ある時、「先生、今日はこれで帰らせてください」と申告してきました。「なぜ?」尋ねると、歯科医院へ予約しているからとのことでした。君はこれから明日の朝まで病院か……。治療が終わったらまた教室へ帰ってきなさい。君には時間がないんですよ。時間を大切にしなさい。治療が終わってまた教室へ帰ってきて、鉛筆を走らせていました。

学習は順調に進み、学年順位3位にまで上がりました。思いはその高校へ合格すること。進学指導で、中学校の担任の先生から絶対無理だから他校を受験するようにと説得されました。まずは私立高校を受験、合格したのでもう怖いものはないと背中を押しました。やるだけやろうと、彼は希望する高校を5%枠で受験しました。合格発表の日、お母様が「先生、合格しました。奇跡が起きました。信じられません」と、涙声で連絡してくださいました。奇跡ではない、彼は自分の力で手にした合格です。私も声がつまっていた。高校生になっても野球部を続け、高校が遠いのに教室で学び続けました。今度は医学部に進むことが夢となったのです。

その夢も彼の努力で国立大学の医学部に進学しました。

夢は実現できる、努力のすごさを実感する子供たちです。

こんな子もいました。彼は国立工専に進学したいと言う。進路指導の先生がうちの中学校から工専に進学した子はいません。まず無理です。他校を受験するようにとの指導をされた。お母様が相談に来られました。息子はどうしても工専へ行きたいと言うんです。またしても子供の意欲をしぼませる先生。だめだなあ。

その子もやれるだけやろうと努力を続けました。見事工専に合格してくれました。工専でも頑張って神戸大学へ、編入試験で合格。大学院も卒業し、大手企業に就職しました。努力は絶対裏切らないですね。感動の涙があふれる伴です。このような輝かしい結果を出してこれた子供たち全員に共通しているのは、素直であること、厳しい伴の指導にずっとついて来てくれたこと、親御さんが我が子の力を信じて応援し続けてくださったことなどだが、何よりも一番大きいのは自分の夢を持ち続けていたということです。

夢は薬剤師

勉強のやる気が出ないので、しっかり指導してくれる先生を探しているんですと言うお母さんと出会いました。小学校1年生から、塾に通っていたが、その男の子は前向きにならなかったそうです。近所の子供が私の教室に通っていて、伴先生に会ってみたらと言われたようです。赤ちゃんの時に小児麻痺になり思うように歩けないけれど、他の子供たち同様に指導してほしいと言われました。

筋肉が硬くならないようにプールにも通っている子でした。将来体力を使う仕事には就けないと思うので、能力、学力をつけて仕事が選べるようにしたいとお母さんは話され、主治医からもそうアドバイスされていたようです。お母さんも週2回の透析に通院していたが、熱心に子供の将来について語られました。私がこんな体だから、この子には学力をつけておいてやりたいのです。

彼との学習が始まって、自分でできることの大切さや続けることで何かが変わることを伝えました。彼が何かに向かって歩みだすことを信じての指導を続けたのです。

彼が中学校に進学すると部活動で卓球を始めました。不自由な足で、他の部員と同じ練習をし、それを3年間続けたのです。足から血を流しているのを何度も見ました。そんな彼は、レベルの高い普通科高校に合格して、頑張りました。いつも大きなカバンを背負い、けっして弱音を吐かない子で、ある時から薬剤師として働きたいと話すようになり、その思いは強くなっていったようです。そして、薬学を学べる大学に進み国家試験に合格して、念願の薬剤師になったのです。

夢をかなえるために、目標を見つけ、あせらず、無理をせず、彼のペースで着実に進んでいった伴教室での学習の軌跡は、彼の人生の大きな宝物になってくれたと思います。そして、手にした薬剤師という資格は一生彼を支えるでしょう。お母様の想いも彼は努力で現実のものとしたのです。

学習発表会

年に一回、子供たちの学習成果を発表して、家族の応援に感謝の気持ちを伝える会を開催してきました。それは個人別学習の素晴らしさを伝える場でもありました。発表は教材を使い、リレーで音読をします。臨場感を出すための場面場面の大道具は例によって私の手作りで、会の前になると毎日、夜遅くまでその準備に追われました。

「ジャックと豆の木」の劇では、庭に投げた豆が天まで伸びる仕掛けを作り、教室の天井に届かせました。「注文の多い料理店」では、店に入るためのドアを作ったんですよ。「かぐや姫」では、太い竹を作り、かぐや姫を登場させました。

英語劇では「リンデンとナンシー」で古い木を作り、「ゴールデンタッチ」では、金ピカの王様を作り、「アメリカ発見」では、助手の岡大生がコロンブスを熱演するなど、思い出は尽きません。

予行演習をすることはできませんでしたが、日ごろの学習を発表すると同時に、教材解説と教室の様子を見てもらうことが目的でした。楽しく一日を過ごし、子供たちには、お菓子を、ご家族にはビールとおつまみを渡していました。夜の食卓では教室のことを話してくれているかな？　教育のことが家庭の話題になっているかなと期待していました。個別学習がまだまだ今ほど伝わっていない時代だったので、このような企画で一人でも多くの方に個別指導の優位性を伝えていったのです。

中学校一日体験入学

中学校になると部活動もあって「頑張るぞ」と夢や希望を

音読学習発表会

持って入学するけど、小学校とのあまりの違いに「中1ギャップ」「中1ショック」と言われる状況になる生徒が昔から多くいます。伴教室ではそのような思いをすることなく、無事に学校生活になじんでほしいと一日体験入学を企画したんです。対象は伴教室の小5と小6の教室生徒たち全員です。中学校はどんなところかを知ってもらい、勉強に対する心構えや日頃、何をどのようにやればいいのかを考えてもらうため企画しました。それは、自分から勉強する子に育ってほしいからなんです。

ホームルームに始まり、国語、英語、数学、理科、社会、そして給食が当日の時間割です。ホームルームは伴が行います。そして、各教科の授業は私の教室で学んで岡山大学に進学したスタッフが担当します。多くの生徒が個人別指導で力をつけたスタッフの大学生が教えるので、自分から学ぶことがいかに大切かのメッセージは子供たちに届いているように感じ

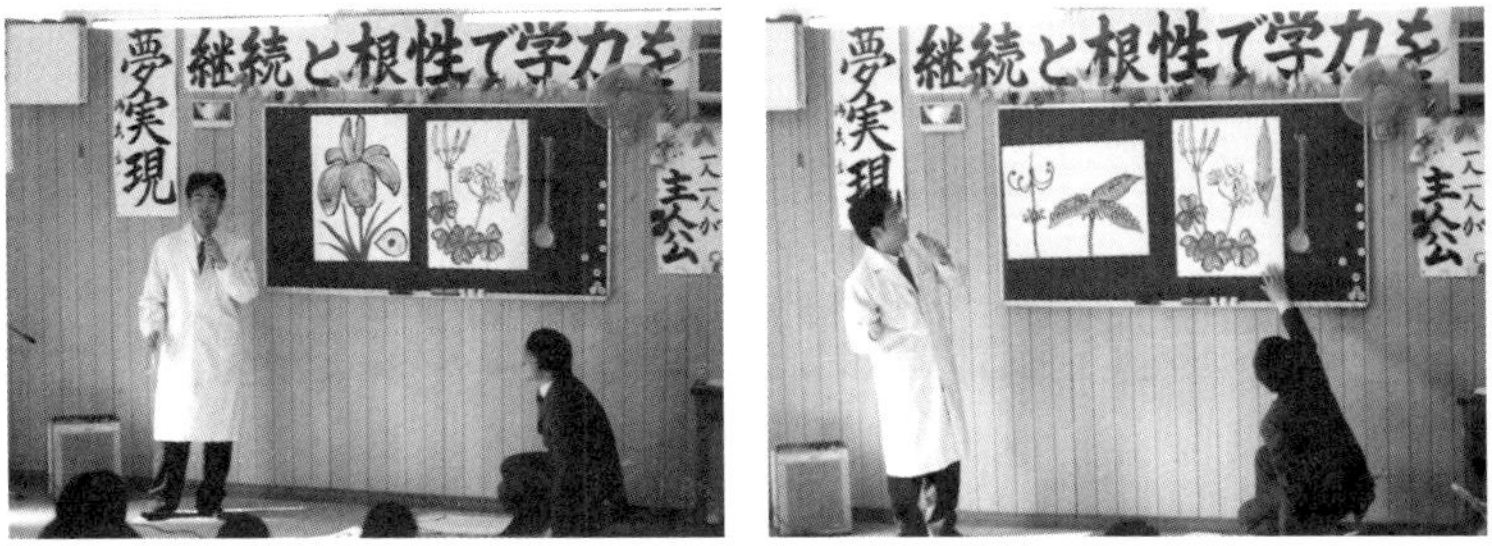

理科の授業（中学一日体験入学）

られました。一日体験した子供たちは楽しそうで、大学生は自分の後輩たちのために頑張れたと、大満足の様子でした。ご苦労様、ありがとう。

こんなふうにして伴教室では、私とスタッフが一心同体、チーム伴で子供たち一人ひとりの可能性を追求するため、いろいろな取り組みをしているんです。

中学生で伸びる子は、自分から机に向かい、自分から学ぼうとする子です。そのためには習慣を身に付けることが一番大切です。学習習慣が無い子は勉強しなさいとしつこく言われても自分から取り組むことはできません。自分から学んでいく、自分から進んで机に向かう子。そんな子に育てることが、中学以降でも伸び続けることができる子です。

数学一斉学習会スタート

月に一度、月末に小5以上全員で、中学校、高校の数学の学習内容を勉強する会もスタートさせました。その目的は、どうして数学を勉強しなければならないのか、その意義を知ってもらい、自分から夢に向かって成長してもらうことです。そこには、日本を担う「人財」となってもらいたい、そんな私の熱い思いが入っています。中3終了の教材や高校の数Ⅰ、数Ⅱの教材を楽しく学んでもらいたい。中学でできて、高校で特別にできるようになるように、数学ができないために将来の夢を断念しなくていいように、高い目標を設定しました。

私が30分間教育について話し、その後に1時間の集中学習をします。個人個人で課題は違っていて、それぞれの教材を解き、ミスを訂正します。一年間休まずに出席した子は皆勤賞がもらえます。この集中学習は、子供たちも楽しみにしてくれるようになり、数学力をつける大きな成果が生まれています。

数学集中学習

学力を時間で判定する

同じ個人別指導の塾であっても、伴教室が他塾と違っているのは、学年、年齢に関係なく、学力を時間で判定することです。速さ（時間）と正確さ（正解）には、相関関係があり、計算のスピードが速い子ほど正確にできるのです。間違えないように落ち着いてゆっくり解きなさいと親御さんたちはよく言われますが、すらすらできるようになれば、ミスも少なく、計算も速くできます。この教材の完成時間は何分……と目標が設定されているので、それを元に練習の量を考えていきます。無理なく無駄なく力をつけていく方法としてはベストだと信じています。今から20年程前、山あいの公立山口小学校でありふれた、実践「読み、書き、計算」の徹底練習の継続で奇跡とも思われるような成果を出され全国的に騒がれた実践者である陰山先生が『本当の学力をつける本』を出版されました。日本中で大ブームになりました。基礎学力を時間で計り、できるまで反復練習をする。誰もが軽視する読み、書き、計算の基礎力を身に付けることが中学で困らない一番大切なことであるという勉強の基本を伝えている本です。

伴教室での指導も時間をとても大切にしています。『本当の学力をつける本』の中で特に大切にされていたのがわり算です。わり算は小学3年生で習います。わり算の力がその子の学力に大きな影響を与えるとして第三類型のわり算百問を3〜5分以内で解ける力を目標としていました（第三類型のわり算とは余りのあるわり算で、余りを出す時、繰り下がりのある引き算をしなければならない問題のこと）。第三類型のわり算は小学3年生までの計算のまとめになるような内容です。この本を読んで私が目指している指導と重なる所が多くとても共感しました。

伴教室では、どうだろう。子供たちはどのくらいの学力をつけているだろうと検証してみることにしました。その結果をグラフで表しました。教室だよりでお伝えし皆様から学ばせて良かったとの感想をいただきました。安心しました。とてもうれしい結果で伴の指導は間違っていないと再確認することができました。継続は力なり、努力は必ず報われる、子供たちは自分の力で将来の財産となる能力、学力を身に付けているのです。

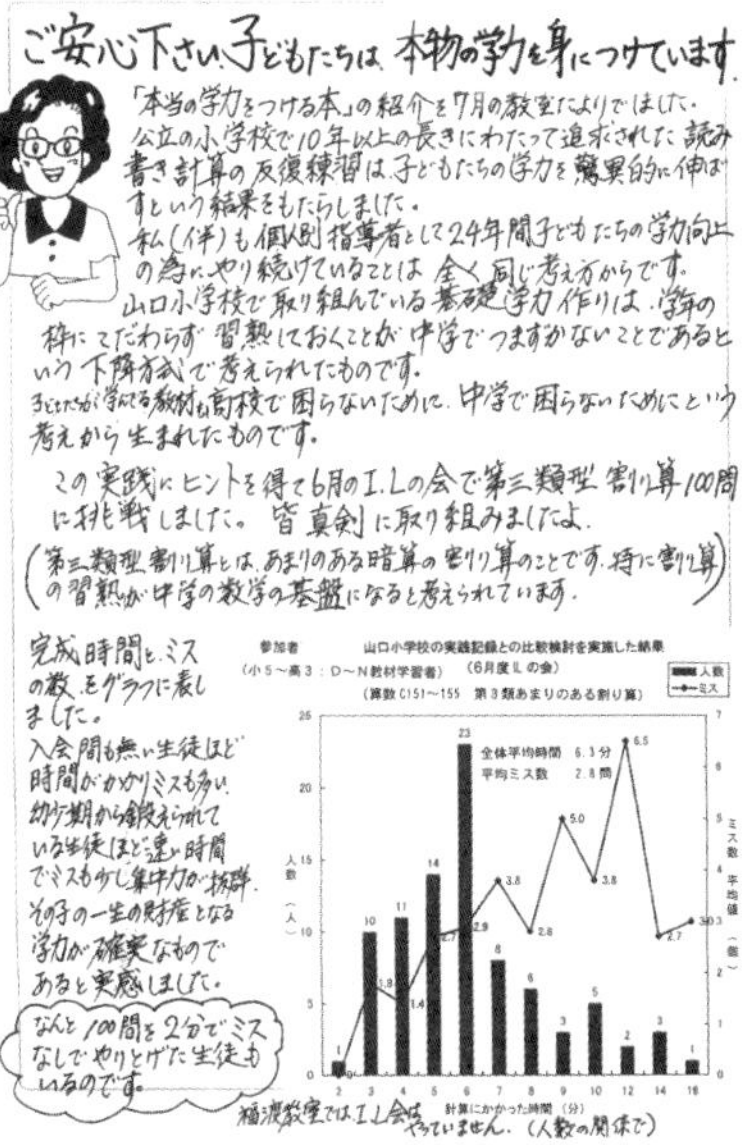

ご安心下さい。子どもたちは、本物の学力を身につけています。

「本当の学力をつける本」の紹介を7月の教室だよりでしました。公立の小学校で10年以上の長きにわたって追求された読み書き計算の反復練習は、子どもたちの学力を驚異的に伸ばすという結果をもたらしました。

私（伴）も個別指導者として24年間子どもたちの学力向上の為にやり続けていることは全く同じ考え方からです。

山口小学校で取り組んでいる基礎学力作りは、学年の枠にこだわらず習熟しておくことが中学でつまずかないことであるという下降方式で考えられたものです。

子どもたちが学んでる教材も高校で困らないために、中学で困らないためにという考えから生まれたものです。

この実践にヒントを得て6月のI.Lの会で第三類型割り算100問に挑戦しました。皆真剣に取り組みましたよ。

（第三類型割り算とは、あまりのある暗算の割り算のことです。特に割り算の習熟が中学の数学の基盤になると考えられています。）

完成時間と、ミスの数、をグラフに表しました。

入会間も無い生徒ほど時間がかかりミスも多い。幼少期から鍛えられている生徒ほど速い時間でミスも少し集中力が抜群。その子の一生の財産となる学力が確実なものであると実感しました。

なんと100問を2分でミスなしでやりとげた生徒もいるのです。

山口小学校の実践記録との比較検討を実施した結果

（算数C151～155　第3類あまりのある割り算）

稲淵教室ではI.L会はやっていません。（人数の関係で）

「学力を時間ではかる」の教室だより

新入社員研修

塾本部の新入社員がそれぞれの地域の事務局に配属されると、半年間教室で子供たちと向き合い、指導法のノウハウを教室の先生から指導を受けます。ある年に、伴教室で実習をすることになり、個人別指導の何かもわからない社員がやってきました。

教室のスタッフは全員が岡山大学の学生で、その中に入って仕事をしてもらいました。子供たちが真剣に解いたプリントの採点が優先順位では一番大切。採点をすると、よくできたのか、難しくて苦労したのか、やったけど間違いが多いのか、どこで間違っているのかなど、いろいろなことが推測できます。子供たちの心の声といってもいいでしょう。そこまでわかるのです。そして、そのプリントは子供たちの可能性をより引き出すための宝箱でもあるのです。宝箱を観

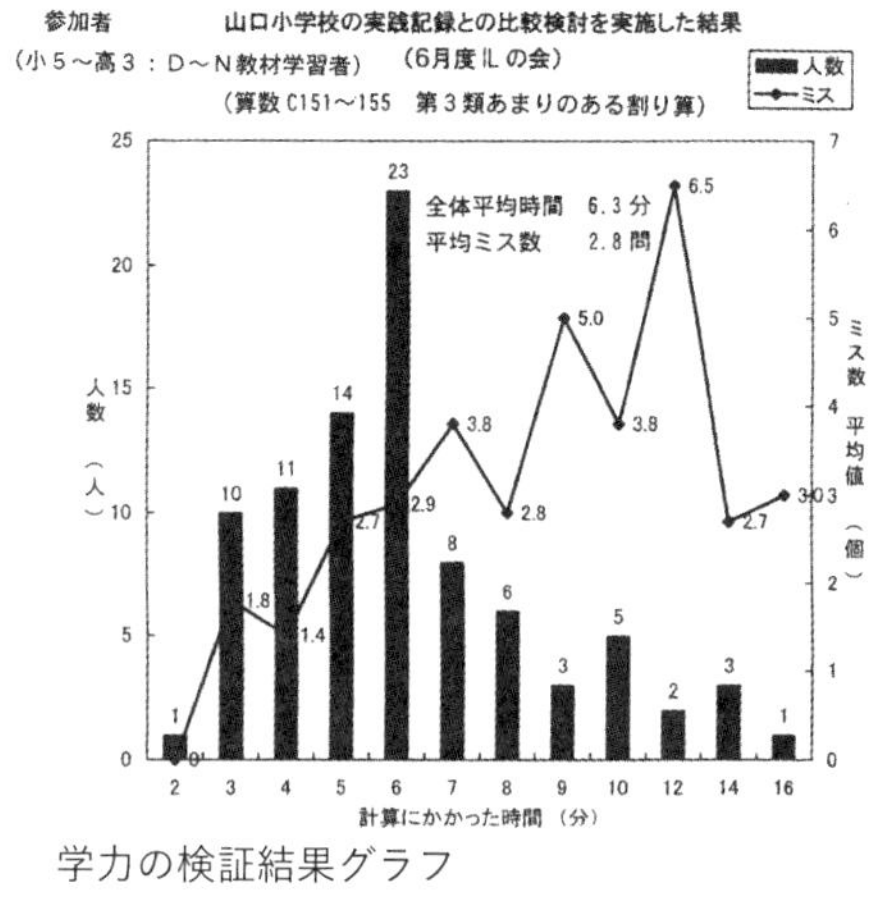

学力の検証結果グラフ

察して、その子の今の能力にちょうど合うレベルの学習をさせるため、学力、処理力、書く力、読む力、集中力などを判断しなくてはならないのです。

新人研修の現場では、教材の意味を深く知ってもらうために、まずは採点に集中し専念してもらっていました。学生スタッフの採点スピードは半端ではなく、まずそれについていかなくてはなりません。その新入社員は、彼らに負けないよう全力で仕事に入り込んでいました。花粉症で、くしゃみと鼻水に悩まされながらも、鼻にティッシュを詰めて奮闘したんです。でも、この季節に症状が出るのなら、事前に診察や薬の対応をしていなければダメでしょう。健康管理ができていないと、私は強く注意したのです。

厳しい眼が光る中で、彼は私の教室で指導を受け、無事研修を終わりました。晴れて事務局員の業務に就いた彼がしっかりした人財になることを期待して送り出したのは言うまでもありません。

それから、もう二十数年が過ぎて彼の仕事は目を見張るものがありました。これまでに一番若い局長となり、次々に昇進して、タイの塾の社長となり海外で活躍しているんです。彼の息子さんも小学3年生にして、高校教材の数学、国語、英語とも終了したそうです。英検1級も合格。すごいものです。私の、生徒に対する強い思いを受け取って、新人研修から軸をぶらすことなく進んでくれたのでしょう。私の誕生日には海外から毎年忘れず電話をしてくれるんです。私の教室で学び、そのようになったことに感謝の気持ちでいっぱいです。

彼は我が子が「自分から机に向かう自学自習の習慣がついて本当にうれしい。これも伴先生のおかげです」と話してくれます。自分の子供の自慢を声高に語ることはなく謙虚で、それも私にとって好ましい。昨今もコロナ禍で、海外でも制限された生活のようだが、親子共々、奮闘している。そんな息子さんに「自然体験をさせること、読書で知識を積み上げること」をいつも伝えている私です。会社員としても親としても立派に責任を果たしています。

最大のピンチ急性緑内障発作

夕方になると頭痛に悩まされ、視力がだんだん低下してくる。疲れがたまっているのかなーと思いながらも、そんな状態が1カ月ほど続いていた。かかりつけの眼科での処置も相変わらずで、いつも同じ目薬。眼鏡も新しく替えたりもした。にもかかわらず事態が大きく変わったのです。

真夜中に突然激しい頭痛で、何が起きたのか理解できないまま大慌てで自宅から一番近い日赤病院へ急ぎました。救急車で駆けつけていないので、宿直の担当医も本気で対応されなかった。痛み止めの座薬をあげますから家へ帰って翌朝おいでください、と言われた。

「えーっ!!」耳を疑いますよ。

七転八倒するほどの痛み。すぐ座薬を入れたが、全く効かず。戻しそうになるので、這いながらトイレへ通ったのです。そのまま廊下で朝を迎えました。ものすごく長い夜でした。朝、外来で一番に診察してもらえると信じていたが、その日は予約診療の日で、一番最後午後一時を過ぎていました。全く目が見えなくなっているのに、「これ、見えますか……」など馬鹿げた診療が続きました。眼圧が急激に上がったことが原因です。

手術をしましょうと言われた。その日は手術日で多くの患者がさんがいて、私は最後、午後6時を過ぎた頃でしたね。入院は1カ月。自分の体より教室の子供たちはどうなるかなーと、そればかりが気がかりでした。

手術後の症状がなかなか思わしくなく、良くなるのか、改善されるのかと、とても不安で主治医の先生によく質問しました。「失明していないのだから、ありがたいと思いなさい」が答えでした。

医者の言う言葉でしょうか、患者の気持ちを逆なでするような暴言。涙が出て止まりませんでした。今でも忘れられません。

退院後は、もう絶対何があっても日赤病院へは行かないと決めていました。


病院に駆けつけた時に十分な診察、診断をされず1日半経ってからの手術で、入院は1カ月近く、何とも悔やまれる。患者の私の心を傷つけるような言動が続き、病院を変わることにしました。次の病院の先生は心優しく「私にできることを全力でやらせてもらいます。元気を出して通院治療をしてください」と声を掛けられ、涙が出るほどうれしかったです。

その後、再手術をしたが、視力は元に戻ることはなかった。最初に手術をして病院の先生から「失明をしなかったのだから、ありがたいと思いなさい」と言われたことが、今も忘れられません。でも、考えれば目は見えるのだから、良かったと思うしかないのでしょうね。その後も視力の回復はなくどんどん低下する目ですが、割り切ってつき合っています。私の大切な目と……。

手島先生との出会い

塾本部の監査役をされていた手島先生からの依頼で、突然、お会いすることになりました。個別指導教室のことをよく知らないので、個人別学習が一番よくわかる教室を紹介してほしいということで、私に白羽の矢が立ったのだと言う。戦争体験があったからでしょうか、規律、姿勢、言葉遣い、すべてが格式の高さを感じさせる方でした。様々な経歴をお持ちで、会社の社長もしていると話されました。

「戦争中は飛行機乗りでした」とおっしゃった。パイロットとは言わないところに生きてこられた時代と風格を感じました。年に2、3回、岡山に来られ先生を囲んでの勉強会も開かれました。先生が来岡されると事務局で朝礼が行われ、局員たちはピリピリしていました。整理整頓や服装の乱れなどを注意されるのです。座席の絵を手帳に書いて、ここに座っていた局員の行動、服装が良くないなど細かいことにも目を光らせておられました。業績を上げるためには、まず、足元から直すべきことがあると強い口調で話されていました。

代々、先生の秘書は三日ともたないと言われたが、そんな先生に私はとても気に入られてしまいました。今では、男女平等の観点からとがめられるかもしれないが「伴先生は女にしておくのはもったいない」などとよく言われたものです。私は女ですよ、といつも言っていました。

文部科学省の研究開発など多くのプロジェクトも持っておられ、特に省庁のリーダー研修には力を入れておられたようです。私も事務局員や指導者の意識改革、行動の変革などの講座を手掛けていたので、その資料を使わせてくれないかと依頼され、すべてお渡ししました。それをとても喜ばれ、いろいろな場所で私の資料が活躍したようです。

1970年頃、まだ日本ではタングステン電球が主流で真空管を使った電気製品ばかりでした。真空管を使うということは電気の消費量がとても大きいわけで、手島先生は電気の消費量を減らす方法はないかと考えられていたようです。その頃真空管式からトランジスタ式に変わり、電気業界は各社の命運をかけた熾烈な戦いが始まっていたのです。手島先生はスタンレー電気の設計課長で、トヨタ自動車に製品を納入していたのです。なんとか電気を食わない電球を開発しなければ会社は潰れる。電気を光に変える、そんな研究をやらねばならないと強く感じ、東北大学の西澤教授に教えてほしいと弟子入りを許可してもらい、先生から多くのことを学び、その後米国のGM社との協同研究にまで進み、日本で初めて、高輝度赤色発光ダイオードLEDの研究開発で成功し、製品として世に送り出すことができたのです。今では、家庭の電気もLEDに変わっています。先生は予想もしていなかったと言われました。その後スタンレー電気の社長も務め、文部科学省の数々のプロジェクトも手掛けられたのです。新技術協会の顧問をされるなど多くの実績を上げられました。

先生の持論は、この人は正しい心を持っているか、本心で物を言っているか、知識や知恵は本物か、そういうことをしっかり見て人間としての正しい評価を間違えてはいけないというものです。世界を動かすような大変な研究を長年に渡り続けられ、多くの人との繋がり、移り変わる歴史の中で体得された自分自身を守るための数々の教訓は、私たちに一つ一つ語ってくださる厳しい言葉となっているのだろうと感じます。

岡山大学の客員教授もされていたので、私の資料が学生たちにも渡されたようです。キャリア形成論というテーマの講義だったそうです。

手島先生は季節の果物や地域の名産品をよく送ってくださいました。心優しい人間味にあふれる人物に出会え、幸せを感じさせてくださったことに、ありがとうございますと申し上げたいです。

社長が教室を訪問

研修を終えて帰った新入社員の中に、ずば抜けて能力が高い局員がいると本部で話題になったようです。「彼はどこで研修を受けたのかな……」と言われたようです。研修先が私の教室だとわかり、しかも、幼児から高校生まで、たくさんの優秀児を輩出しているとあって、社長が自ら私の教室を見学をしたいとやって来られました。子供たちの学習姿勢、助手先生たちの子供への対応などを真剣に見学され「わかった、わかった」を連発されたのです。「何がおわかりになったのですか」と尋ねると、「伴先生のところで研修をすれば、あんなにすごい社員が誕生することに納得したんだよ」と答えられたんです。それ以来、代々の社長副社長が見学に来られるようになりました。うれしく、とても光栄なことだと思っています。

公立中学で個人別指導を導入

個人別指導の学習成果の高さは年々、世間から評価されて、私立、中高一貫校、公立中学校でも導入する学校が増えてきました。香川県の善通寺東中学校も全校生徒に個人別指導を取り入れていました。導入に当たっては、初めての試みで苦労や努力をされたようです。

そんなことから、校長先生に伴教室の見学を依頼され、ビデオカメラを持って、教室が始まる前から終わるまで長丁場で一日をじっくりと見学されました。

公立の教育の現場で、塾の教材で指導するのは、いかがなものかと反対する先生も多くいたようです。でも、校長先生は個別指導で学力を上げて、学校が本来の姿を取り戻したいと強い思いを持っておられたのです。学力は低く、校則も守らない子が多く、問題の多い中学校だったからなのです。

その校長先生は、教職を30年やっているが、初めて真の教育者に出会ったと私の指導者としての姿勢を高く評価してくださいました。毎月一回配布している教室だよりも2年間分を下さいませんかとも言われた。教室での様子を撮影したビデオを先生たち全員で見て、ここの指導方法で子供たちの学力アップを目指したいと話されたのです。

広域伴道場　アルバムから　2009年

講義する私

その後、全国統一学力テストで高い成績を上げることができるようになり、校内の清掃もしっかり取り組めるようになったと言う。通学用ヘルメットや制服をきちんと着用し、挨拶をきちんとし、今までの中学校から、想像もできない中学校へと変わり、新聞やテレビで明るいニュースとして報道されたのです。以前と全く違う学校の変化と成長は、地域の人たちをあの中学校がと驚かせたそうです。

個人別指導は学力を上げるだけでなく、学力に自信がつくことで生徒一人ひとりがやればできるという、自己肯定感が高まり、人格まで変えていく。学習効果の高さを再確認しました。子供たちにとって学校社会は小学6年間中学3年間長いものです。それが楽しく有意義なものであれば、その後の子供たちの人生を大きく変え、将来に希望が持てるものと確信します。

伴道場

塾の指導者たちの意識改革と指導力の向上のため、日本全国の事務局で指導講座をさせてもらっていました。この経験は、私自身を指導者として大きく成長させてくれる要因でもあったのです。特別なことをしてはいないが、私の真剣さが親を動かし、子供をやる気にさせ、その結果が学年を超えた内容を学ぶことに繋がっているだけなのです。かなり学習が遅れている子でも、半年、一年と学習を継続することで、必ず自分の学年に追いつき、やがて学年を超えて、自分から学ぶ子に成長していくんです。そんな実践の一つ一つが講座の内容の中心となっていました。

私の講座を聞いてくださった先生方の多くが、それぞれの教室での実績や活躍に繋がり、大きな成果を上げたようです。指導力を磨く「道場」としての役目を、私は果たすことができ、その活動で塾本部や指導者たちに貢献できたと感じています。それぞれの教室の発展を願って、私は先生方一人ひとりに、直筆の夢や心構えを書いた「心一」、「夢実現」の色紙もプレゼントさせていただきました。教室にかかげて日々頑張られていることでしょう。

プレゼントした色紙

天地人
広域伴道場通信
其の弐 2009年7月
◆天の声 地の利 人の和◆
広域伴道場第２回
テーマ 君子は豹変す
第2回のご報告
■第２回広域伴道場　伴先生語録
先生方、豹変してください！
●結果は出ます
伴道場は、やる気本気で日本を変えます！　結果を出します！
●伴先生の教室だよりについて
裏面へ続く

天地人
広域伴道場通信
其の参 2009年8月
◆天の声 地の利 人の和◆
広域伴道場　今月号のテーマ
夏の特別学習
夏特お疲れ様です
■ 伴先生に、今、教室運営で大事にされていることをお聞きしました。
■ ご紹介 ■
夏特、意識を変え、行動を変えられた先生方。
■鳥取
■松江
■岡山
■ 伴道場 先生方の夏の特別学習
夏特学習者は 2399名（一会場平均 9.7名）
裏面へ続く

広域伴道場通信　2009年7、8月

広域伴道場　表彰状　2009年

今どきの子供たち

私は半世紀近く教室を続け、地域の教育や子供たちの学力向上について全力で対応してきました。昔は根性で取り組む忍耐力などが当たり前に通用していましたが、世の中が大きく変化し、親の考え方も変わっていき、子供たちの環境や意識も大きく変わり、それらがすべて子供たちの学力との相関関係になっているとは言えないかもしれないが、少なからず私はそのように感じているのです。「今の子供たちに足りないと思われるのは、耐える力ではないでしょうか」。

学業、スポーツ、芸術などは、ある程度の期間、練習や訓練を続けなければならないものです。「継続は力なり」と言うように、続けることでできるようになることは、明らかなことでしょう。でも、「頑張らなくていいよ」の言葉が流行したような昨今、ちょっと、しんどいこと、難しいことは避けて通りたい風潮があるように思えるのです。

コロナ禍の中、オリンピックやパラリンピックが開催され、多くの金メダリストが誕生しました。長い期間、自分の力の限界を上げる努力をしてきた選手たちに思いをはせて、私は心を打たれました。それは、子供たちにとっては、素晴らしい生きた教育ではないでしょうか。一生懸命、自分の力に挑戦する経験や、昨日できなかったことが、今日、明日に必ずできると信じて、地道に努力することには、いかに忍耐力が必要であるかを物語っています。

私にできることは、どのような情況の中でも教室の指導を通じて、子供たちの可能性を大きく伸ばせるように、数学、国語、英語の指導に全力を傾けることです。

学力不振の原因は今も昔も同じ

科学の進歩は、いかに時間を短縮するかがテーマで、やっきになって研究開発を続けています。新幹線なら東京─大阪間を2時間半ほどで行ける時代で、一般人も宇宙旅行に行く時代が来ようとしています、昔は、夢のまた夢だったのに。

でも、私が感じる教科学習の問題は、教室を開設した40年余り前と大して変わっていないのです。先日も中学1年生の生徒が教室にやって来ました。あと数カ月で2年に進級するというのに、これではは大変と思ったのでしょう。九九も不十分で、小学3年のわり算からつまずいていて、分数は全く解けなかったのです。これでは、中学1年の正負の計算も解けない。国語は漢字は書けず、読めない状態です。だから、文章題の意味もわからないはずです。

小学3年レベルから算数も国語も学習をスタートしました。部活動もやりながら教室に休まず通えば、1年後には必ず、自分の学年の内容がわかるようになるからと伝え、自分の力を信じて頑張ることを約束させました。それを聞いて彼は明るく笑ってくれました。子供の学力を支えているのは、今も昔もちっとも変わっていない。国語力こそがすべての基本であることと、分数計算の力が中学、高校の数学を解く力であること。そして、国語と数学の学力が車の両輪のごとくそれぞれが影響し合って学力は上がっていくということなのです。

学校現場では指導要領が何度も改訂され、今の教育方針に変わってきました。教育目標が高くなったとしても、家庭で机に向かう習慣を身に付けさせる親の子育てがなければ、学力不振の子供たちはなくならないのです。

いまだに小学3年生レベルのまま中学生になっている子が後を絶たない。何としても、小学6年生までに国語、数学、英語の主要3教科の基礎をしっかりつけて、中学校に進ませなければならないと意を強くする私です。

学力不振の中学生　半年で勝負

またも、他の塾で頑張っても成績が上がらないと、父親が中学1年生の子供と一緒に教室を訪れました。学力診断テストをすると、所要時間25分のところを80分もかけて頑張って問題を解きました。でも、50問中、正解は半分の25だったのです。その間、父親は辛抱強く待たれていました。試験の時には時間が足りなくて解けないようです、とお父さんが言われていました。時間が足りないのではなくて、学力が足りないんですよ、と私は学力テストの結果を持って説明しました。数学では、分数力を高めることが中学校以降、数学ができるポイントになる。まずは、小学校の分数を解く力を高めてその後に、中学校の内容に進むことが大切なんです。この親子には、半年先、中学2年の6、7月には、学校の授業の内容が、よくわかるよう指導することを確約しました。そのためには、その子が意欲を持ち続けられるように寄り添い、声をかけて応援することが絶対条件であること、学年をもどって学習することが必ずできる自分になる近道であることをわかってもらう努力をしました。その子は約束通りに中学2年の夏休みには、学年相当の連立方程式が解けるところまで進んだのです。そして、中学3年の内容にも取り組めるようになりました。

今まで、数学ができないことで、すべての教科が伸び悩み、学習する意欲も落ち、学校生活が暗いトンネルの中にいるようで、将来に対する夢や希望も無かった多くの中学生や高校生たちの意欲を取り戻し、学力が上がることで、明るい未来があるんだと感じられる経験をさせてきました。

個人別指導なら間違いなく、できるようになるのです。

こんな子もいました。

中学1年の春休みに高校進学のため頑張りたいとやって来た男の子は、小学3年レベルのわり算からできていませんでした。少々、手間がかかるぞと感じましたが、半年先はできるようになるからねと、かけ算、わり算からスタートしました。中学3年生になると、因数分解や平方根、二次方程式が完璧にできるようになったんです。基礎ができて自信がつくと、こんなふうに学力が伸びるんですよ。

他の教科も成績が上がり、家での学習習慣もつきました。子供を観察し、能力、学力を正しく判定して、教材を適切に使えば、どの子も学力が身に付き、明るさを取り戻し、他の教科にも大きな影響を与える成果を出すことができるのです。

小さい頃から教室に来て、学習習慣をつけていれば、自分はダメな人間だと自信を失うことなく、自己肯定感が高まります。そして、元気な学校生活が送れると強く感じるのです。

伴教室での出会いが遅くても、自分の人生を切り開いていった子供たちは数知れません。それは、指導者冥利に尽きる、うれしさなんです。

個別指導はナスの花

子供たちにとって伴教室の指導や経験は、無駄なものは何一つないと思っています。学習の基本は、自分の力で解き進んでいくことです。決して他人と競争をしているわけではありません。だから、学年も年齢も、学習を始める時期も人それぞれ、個人別なんです。マラソンと同じでスタート地点とゴールが決まっています。速く走れる人もいれば、ゆっくりしか走れない人もいる。速く走れと、せかすものでもありません。指導者は伴走者と同じで、一人で走れるまでは寄り添って、そっと応援し続ける。現状をよく見て、2年、3年先を見通して、ビジョンを持って教育するのです。そして、その子と共に学んでいき、昨日より今日、今日より明日の精神で続けるのです。

ナスは花を咲かせると必ず実を結ぶといいます。伴教室での学びは、その子の力になり、将来に大きな実を結びます。子供たちはナスの花に思えます。子供たちの学力が伸びたことを感じると、私は、また一つ、ナスの花が咲いたと思うのです。

初心忘れるべし

「初心忘るべからず」ということわざがありますが、個人別教室の指導者としては、教育が何かもわからない時に抱いた志は取るに足らないもので、さっさと忘れて、日々新たな志を持つべきだと思います。世の中の状況は変化し続けています。個人別学習は極めれば極めるほど深く限界が見えません。そして、子供たちを大きく育てる可能性を持っています。指導歴が積み重なり、感覚が研ぎ澄まされると、目の前の子供をどのように指導すればいいのかの「眼力」ができてくるのです。

私は常に新たな挑戦をする気持ちで、昨日より今日、今日より明日、もしかしたら、できるかも……、とわくわくしながら教材を準備しています。

それができた時の感動は、また次の挑戦への原動力となり、なかなかわかってくれない時は、よし、もう一度繰り返し練習だと、新たな目標を設定するのです。

子供たちは一人ひとり違っていて、同じ方法では伸びない。その子の足りない力は何かを常に観察し、無理なく無駄なく学習を進める。そのことで、学年以上の力を身に付けさせてあげたい熱い思いが湧いてくる。そうしたところの「初心」は忘れていない。

文部科学省の指導要領はよく変わる。教育改革のたびに現場の先生たちは大変苦労をされている。よりよい指導を追求する点ではいいのだが、目指す目標がそうそう変わるのは、大変です。その点、伴教室での目指すゴールは、高校の数学、国語、英語です。指導者として常に目標が決まっていてわかりやすく、説明もしやすい。中学でできるようにするためには、小学生のうちにどのような力をつけておければいいのか、中学生のうちにどのような力をつけておけば高校で困らないのか実にわかりやすい。そして、系統立った教材なので子供たちもこれができれば次はこれと頭に入りやすいのです。

指導者になって本当に良かった

妻であり、母であり、そして先生もしている。70歳を越えた今、私は幸せ者だと思うのです。私の性格で一人で三役、どれも手抜きをせずに頑張りました。主婦として完璧に家事をこなし、料理を自分で作る。私の母もそんな人でしたから、母は働き者で、いつも一生懸命でした。私が幼い頃に、したいという習い事は、すべてやらせてくれました。琴、ピアノ、日本舞踊、書道、声楽、日曜日は習い事のはしごでした。母は忙しいタレントさんのマネージャーのように常に時間を管理して私を導いてくれたんです。おかげで、私は時間の使い方が上手になったと思います。無駄にダラダラしないので、人の何倍もの処理ができるんです。だから、一人で三役がこなせたんですね。本当に母には感謝です。

妻と母の二役は、多くの女性が経験することができるでしょう。それに加わった塾の先生をしたことで一番良かったことは、同じ思いで進んできた指導者の仲間ができたこと、そして、指導を受けた教室の卒業生たちが社会人として活躍してくれていることです。

今でも「先生、元気ですか」と時おり電話もかけてくる。学力がつくと自信ができて、人格的にも立派になる子供たちが多い。心が安定するからでしょうね、人を思う優しい心が生まれるのを私は実感してきました。

元気である限り、目の前の子供たちを一人でも多く日本の人財として育てたい熱い思いは今も昔も変わっていません。

賢い子（優良児）は作られる

長年、子供たちの指導を続けてわかったこと、学んだことは、我が子を賢い子に育てたいという親の気持ちが、いつの時代も変わらないということ。「どうしたら賢い子になるのか」と聞かれたら「賢い子は作られるんです。作れるんです」と答えたいと思います。

生まれてからの恵まれた環境や教育で、子供は必ず賢い子に育ちます。反対に生まれてから悪い環境のもとで育てられると子供はどうなるのか。極端な例ですが、100年ほど前、オオカミに育てられた少女を何とか人間の子供に戻したいと努力したものの、人間としての進歩がみられなかったようです。

鉄は熱いうちに打てとの、ことわざのように、幼少期の育て方がその子の将来に大きな影響を及ぼします。生まれたらただちに歌を歌って聞かせる。本の読み聞かせ、数をいっぱい数える、英語を聞かせることはとても大事なことでしょう。季節の移り変わりを肌で感じられる、日の光、風、雨の音、鳥のさえずり、それは子供の感性を育む生きた教材だと思うのです。親子の語らいや遊びの中でも、たくさんの知的な教育をすることもできるでしょう。

私が経験したように、子育てを心から楽しみ、大きな夢を子供と語り、急がず、あせらず、一歩一歩、今を大切にしなければならないと思います。指導者として生徒と共に頑張られた多くの親御さんとの出会いは、子供の可能性を追求する私の指導の心強い味方でした。

明日を生きてゆく勇気ももらいました。今どきの親と子の関係ですが、子供を思う親の気持ちは、私を含め変わることはないでしょう。

平凡の非凡

子供たち一人ひとりの可能性はやってみなければわからないもので、そのためには学習をスタートしたその時から輝かしいゴールをイメージして私のできる限りの指導力と愛情を太陽のごとく、惜しみなく降り注ぐ日々となっています。その結果多くの優秀児を輩出してきました。途中親御さんから、同じことで子供は厭きてるんですけど、と文句を言われることもあります。同じことばかりやっていませんよ。同じ形、同じ大きさのプリントですから、ぱっと見は、同じことばかりやっているように感じられるかもしれませんが、決して同じことをやっているわけではありません。自然に手が動くまで繰り返しの練習は必要です。難しいことの繰り返しは、誰だって嫌です。やりたくありません。でも簡単にできることなら繰り返しも苦痛には感じないですよね。易しい問題をたくさん解くことで気がつけば作業力（書く力）もつき、集中力、処理力までも高まり、できないと思っていた難問がなんと、解けるようになっているではありませんか。これぞ平凡の非凡。期待していないような、すごい力を身に付けることができるのです。これこそが可能性への挑戦のスタートと言えるでしょう。親は子供の今を直視し、このままだと、２年先、３年先、そしてもっと先はどう成長するかを深く考え何をどうしなければならないのか、判断をしなければなりません。我が子の将来を共に考えてくれる信頼できる先生に巡り会えることができればそんな幸せなことはありません。私は大切なお子様を必ず可能な限り伸ばしてあげようと、心に誓って指導に当たっています。

私も母ですから、親御さんの気持ちはよくわかっているつもりです。そう言えば昔、徳島県の山奥の池田高校の野球部が夏の甲子園で優勝しました。その時の監督が「野球は基本の基本をずっとくり返しやり続けることですごい力が身に付く。誰もが想像もしないような結果を生むんです。これぞ平凡の非凡ですよ」と話されていたことを思い出します。スポーツも勉強も同じなんです。

続けることの意義

賢い子を育てることは親とし当然のこと。賢い子ってどういう子なの。辞書を引くと頭の良い子とある。人それぞれの評価は違うと思うが、世間で言われるのはそうなのでしょう。私の教室で目指している賢い子とは、礼儀正しく挨拶ができ人に優しく、素直で頑張って勉強に取り組める、そんな子です。

学力の高い子は、頭でっかちで常識知らず、勉強はできても他のことは何もできないなどの悪評がよく聞かれます。それらは日本人のと言うより人間の嫉妬心から出た言葉かもしれないが、私の教室で成長していく子供たちは、学力が安定してくればその学力に見合った人格も形成されていく。続けることで賢い子が自然体で育っている。とてつもなく大きな人を育てるという教育を貫くことで私自身も成長させてもらっています。教室に来た時より帰る時の方が明るく元気な声で「伴先生ありがとうございました。」子供たちの声がまた私を元気にしてくれるのです。

教育は未来への投資。伴教室では、今も賢い子が次から次へと育っています。

卒業生たちの今

H君は伴教室の第一号の生徒です。分数はちょっと苦手だけど、算数は好きという元気な男の子でした。

勉強はどんどん進んでできていました。

県立普通科高校へ進学し、自治医科大学に進学。地域の医療に力を注ぎ、現在郷里の総合病院の院長を務めています。

K君は小学一年生の時から将来は数学の先生になりたいと夢を持ち続けていました。中学・高校と大好きな野球部で部活動と勉強の両立を果たし県立普通科高校から国立大学に進学、公立の中学校の数学の先生になりました。

採用試験の時も連絡してくれていました。その頃いじめ問題がニュース等でよく取り上げられていたので、自分なりの考えをまとめておいたら……とアドバイスをしていました。案の定グループでの話し合いのテーマがいじめだったようで、後でとても喜んで電話をくれました。

T君はいつも真剣に一生懸命勉強していました。6年生の頃に中学2年生の数学が解けるほどでした。歯学部に進んだ彼は大学からの出先病院で働いている時、私の知人がその歯科医院を訪れた時、僕は伴先生の教室で勉強したんですよ、と聞かされたそうです。

伴先生ってとても厳しい先生でしょう、と尋ねると、「いいえ先生はいつもとてもいい香りがしたんですよ。」が答えだったそうで、これまた驚いたと、言われていました。中学生たちは部活動の後教室へやってきます。汗と泥にまみれてくさいんです。たまりません。そこで、私はいつも香水をつけていたんです。それがほんのりかすかに匂ったのでしょう。彼はアメリカへ研修に行き、今は北海道大学で教授をしているそうです。

S君は動物が大好きな心優しい男の子でした。

中学1年生の時、数学の先生が中学3年で習う三平方の定理を使わなければ解けないような難問を黒板に書いて、これが解けた者には定期テストで10～20加点してやると、言われたそうで、私に解いてほしいと問題を持ってきました。そんな男気のある先生って嫌いじゃあない私としては、よし解いてやると頑張って解きましたよ。ところが問題を解いて提出するだけでは合格じゃあないのです。

先生を納得させる説明もできなければならないというので、解法の過程もきちんと説明できるように教えました。熱心にメモして何度も練習して学校へ行ったようです。後日先生から合格をもらったと大喜びで教室へやって来ました。高校生の時、教室へ相談に来られた保護者の方へ私に代わって国語の勉強がいかに大切で重要であるかを説明していました。大学は獣医学科に進学、現在は自分の病院を持ち獣医師会の理事をするなどとても忙しい日を過ごしています。

N君は小学3年生の時、体操も勉強もできないと担任の先生から言われたと悲痛な面持ちで教室へ来ました。おとなしい真面目な男の子でした。暗算力を強化する練習をして学習もどんどん進み6年生の時は学校より先のことが学習できていたので、担任の先生が授業中にクラスの皆の前でN君がとても算数ができて、素晴らしいとすごくほめたそうです。その時からN君のやる気は増々加速されていきました。ほめられるってすごいですよね。中学3年で高校受験を考える時、トップクラスの県立普通科高校を受験したいと希望を持っていて担任の先生も大丈夫だと言われ、すっかりその気になっていました。お母様が相談に来られ、本当に大丈夫でしょうか……。私は地元の県立高校にしなさいとトップ校へ進学することをやめるよう進言しました。まず通学時間がかかり過ぎる。今の学力では、高校3年間上位の成績を保持することは不可能。部活動などやっていたら学力は下がる一方、高校生活は最悪になる。それより地元の高校で時間的余裕を持って部活動もやり、勉強も伴教室でしっかり学ぶことができ、ずっと上位の成績を保つことができる。お母様はよく考えますと言って帰られました。

結局N君は地元の高校へ進学。高校3年まで教室で頑張り、その高校からは伝統の生徒と言われるような学業の成果を出し、晴れて岡山大学に合格、大学院にも進学。大手薬品メーカーに就職、会社から期待される社員として貢献しています。

今年の春、久方ぶりにお母様とお話しする機会があり、伴先生に出会えて本当に良かったと感謝の気持ちをいっぱい聞かせてもらいました。

I君は幼稚園生の時お父様の転勤で広島から岡山へ引っ越してこられ、私の教室に来られました。その後もお父様の転勤が何度もありその度に家族会議を開いてお父様一人で行くか、家族全員行くかが問題でした。彼はいつも僕は伴先生と一緒に勉強したいからお父さんと行かないという答えだったのです。お父様は結局ずっと単身赴任をされています。その後教室に近い場所に土地を購入され御自宅を建てられました。彼と妹さんはずっと教室へ通ってくださったのです。高校生になっても部活動をやりながら勉強も頑張りました。医学部に進みたいという夢があったからです。学校では医学部は無理だと言われていて、お母様と彼は何度となく相談に来られました。

私の答えは昔から同じです。本人がやりたい行きたいと思っているならとことんやればいい、必ず結果は出ますよ。その後も相変わらずいつもと同じ楽しい学校生活、そして伴教室で学び続けました。見事自分の力で国立大学の医学部に合格し、コロナの感染真っただ中の東京で研修医として頑張っています。東京へ行く数日前にお母様と一緒に挨拶に来てくれました。お母様は感きわまって泣いておられました。あの時先生が背中を押してくださったから今があります。私の教室で学んで良かったと思いを書いたレポート用紙を彼から手渡され、私もじーんとこみ上げるものがありました。

Mちゃんは、I君と五歳違いの妹でお兄ちゃんと大の仲良し、水泳教室へもいつも一緒でした。Mちゃんはピアノがとても上手で、大きなコンクールで大賞を何度も受賞するほどのすごい腕前だったのです。ピアノ課がある音楽学校へ進学するのだろうと思っていましたが、将来のことをよく考えた結果、普通課高校へ進学しました。高校では、今までやったことのないMちゃんにとってとても新鮮なチアダンス部に所属し、楽しい高校生活を送っていました。

そんな中、机を並べて一緒に勉強していたお兄ちゃんが医学部に合格したのです。あのお兄ちゃんが、Mちゃんには信じられない、衝撃の大きな出来事だったのです。

私ダンスなんかやっておれない……と勉強に打ち込む日々に変わったのです。私もお兄ちゃんのように医学部に進学する、絶対合格するまで伴先生には会わない、と宣言してMちゃんの浪人生活が始まったのです。

大丈夫かなと少し心配もしましたが、Mちゃんを信じて良い知らせを今か今かと心待ちする春となりました。

先日、何の連絡もなく突然お母様とMちゃんの姿が教室の玄関にありました。先生、医学部に合格しました。うれしい報告でした。Mちゃんすごい、やったね、おめでとう、おめでとう、有言実行、ほかに言葉が見つかりませんでした。

女の子が受験するとなると男の子と違って体調管理も重大なことなのです。少しでもハンデが少なくなるようにと調整をしたんですよ、とお母様がいろいろと気を使ったことを話して下さいました。

そういえば、女子の受験生が合格ラインでありながら不合格に何人もされたというニュースがありました。医学部に合格するってそれぐらいとても難しいことなんですね。

もし、伴先生に出会っていなかったら、ここまでやりぬく根性や忍耐力はなかったかもしれない、そう言ってくれましたが、Mちゃんの努力の結果です。

また一人自分の大きな夢実現の花を咲かせた子どもが育ちました。いよいよ医学部の勉強が本格的になります。がんばってね。ずっと応援しています。

多くの卒業生たち一人ひとりの人生に多かれ少なかれかかわり続けてきた私の先生として生きる歴史の重みをずっしりと感じています。

花無心にして蝶を招く

私は花が大好きです。花屋さんで売られているような派手な存在感のある花ばかりでなく野に咲く名もないような可憐な花も大好きです。特にたんぽぽの強さには心引かれるものがあります。アスファルトの割れ目からでも咲いています。雑草として摘み取られてもまた、生えてきます。たんぽぽの根は2メートル近くあり、根が生きている限りまた、生えてくるのです。たんぽぽを見ているとなんだか私を見ているようで一生懸命咲いているね、頑張ってるねと声をかけたくなります。私も何度となく挫折しそうになり、その度に立ち上がった記憶があるからです。太陽に向かってぱっと開いた花に蝶が止まっています。花は蝶を寄び込むために咲いているわけではありません。美しさや匂いにつられて蝶は集まって来ます。日々の教室の指導も同じです。目の前にいるこの子を伸ばすその使命感で情熱の限り指導を続けます。下心や野心など一かけらも持ち合わせていません。私の指導を受けたいと教室へ来てくださる生徒さんたちのことを思うと、つい花無心にして蝶を招く……の言葉が口に出ます。

花無心

あとがき

妻として母として先生として、世間の風評や他人の言動に振り回されることなく、軸をぶらさず、長年、貫き通した私の人生の軌跡は、持続可能な本物の学力を子供たちにつけるという大きな目標の道です。この道は子供たちが存在する限り永遠に続く道だと信じています。今日も私の右手は、赤ペンを強く握っています。子供たちが真剣に解いたプリントに丸をつける。一つ丸をするたびに世界平和に一歩近づく、この思いはいつまでもどこまでもです。最後まで読んでいただいた皆様、ありがとうございました。

指導力を磨く

私のノートから

今こそ個別指導の思想を貫いた子育てを！

大きな時代のうねりを認識しているか！

三大変革期
① 明治維新
② 第二次世界大戦
③ 現在

目標・目的を明確にした子育てビジョンを持つ

今できること．中間目標　最終目標　「連続的近似」

I.L会の目的・意義

文明が一旦開花し，発展してしまうと失われるもの．
① 気力（意志の力）
② 忍耐力
③ 団結心

なぜ，教科書通りにやらないのか！

真の教育ママとは，
① 算数・数学は計算を徹底的にやる．
② 学年を越える意義を理解する．
③ 常に中学・高校を考えた教育をする．
④ 国語がすべての教科の基礎．読書を重視する．
⑤ 幼児から数・英・国三教科の学力の柱を強くする．

算数・数学をささえる3つの力

① 計算
② 条件 情報の組み合せ ｝思考
③ 空間の観念 ｝国語力，イメージ力

子どもの可能性を信じ，明るく元気に夢を大きく膨らませた子育てをしましょう。

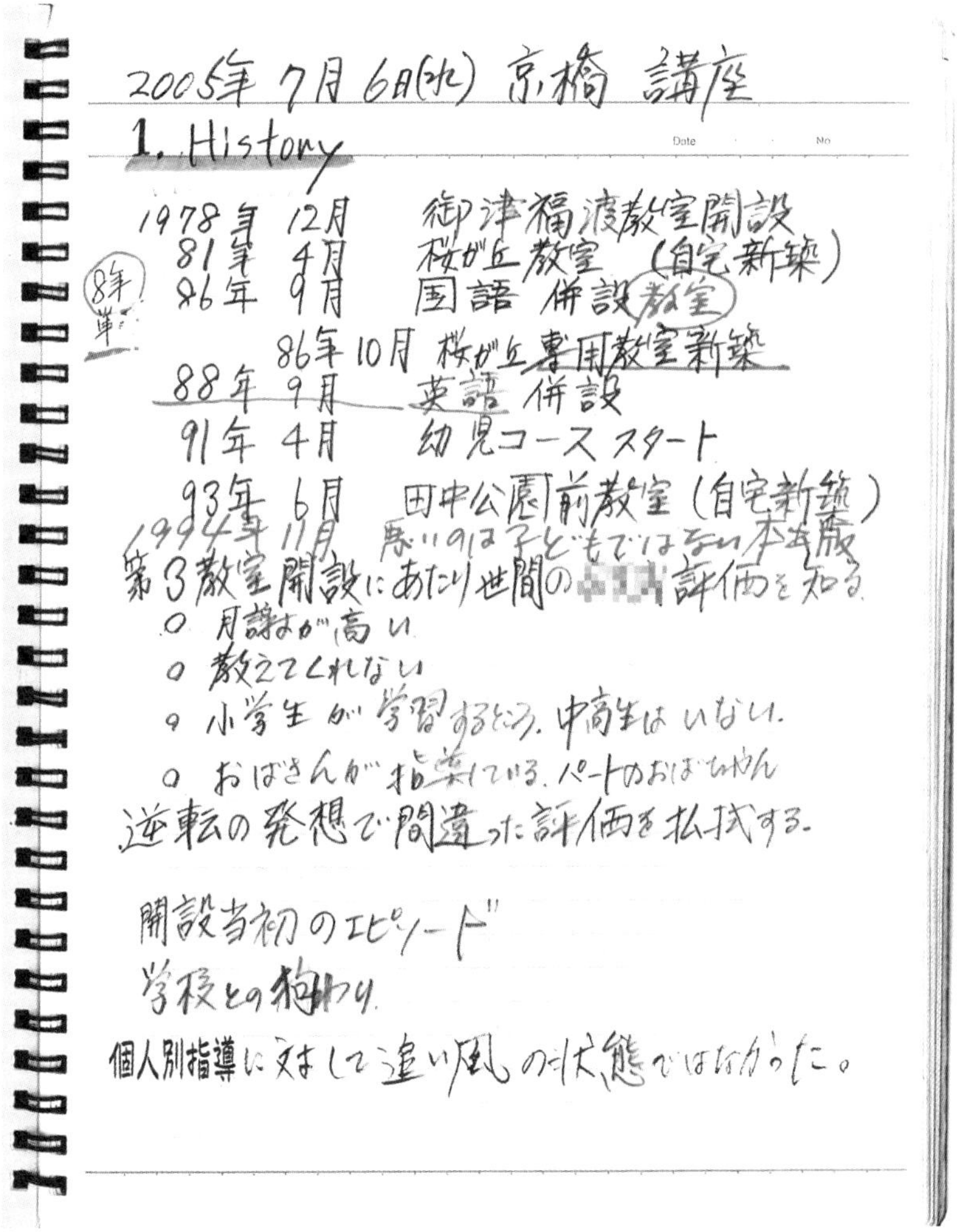
2005年7月6日(水) 京橋 講座

1. History

Date　　No

1978年 12月 御津福渡教室開設
81年 4月 桜が丘教室（自宅新築）
8年
86年 9月 国語 併設 教室
86年10月 桜が丘 専用教室新築
88年 9月 英語 併設
91年 4月 幼児コース スタート
93年 6月 田中公園前教室（自宅新築）
1994年 11月 恐いのは子どもではない本末転倒
第3教室開設にあたり世間の[redacted]評価を知る。
○ 月謝が高い
○ 教えてくれない
○ 小学生が学習するところ。中高生はいない。
○ おばさんが指導している。パートのおばちゃん
逆転の発想で間違った評価を払拭する。

開設当初のエピソード
学校との拘わり。
個人別指導に対して追い風の状態ではなかった。

Date　No.

最終教材修了生の学生助手
大学受験も[redacted]で大丈夫 → 高校生が感じる。

教室の風土が確立され 子供たちは 自分の夢実現の
学習の場であると自覚し 自分から学習する。

多様化する価値観の中で すべての不安材料を
安心にかえて子供たちに還元できる方法は確かな学力を
つけること。
公文式が他塾と差別化できる強み それは、
学年を越えて進むの一言

どの教室に通っても保障される学力とは
標準完成時間であり、終了テストの結果に現れる。
[redacted]にしかない学力を時間で計る
① 学力が十分身についている子は解答時間が速い
② 学力の定着度を客観的に計る基準
③ 時間が学力を測定する要素になっている。
学校のテストをはじめ諸々の試験はすべて時間で管理
④ 学力と作業との関係に着目
クレペリンテストで作業力が見える。
これらの観点から「時間」という概念が導入された。

2. Vision and Passion　目標と情熱

[redacted]指導者としてすべきこと.

[redacted]だからできる. [redacted]にしかできない指導

入会の動機は一人ひとりすべて違う

全員に満足してもらえる指導を心掛ける.

幼・小・中・高一貫に学習できるのは[redacted]しかない.

安心してもらえる教室とは.

うちの子だけ見てもらえる
よく教えてもらえる
＞ まず身近な安心からのスタート

学習を続けていくうちに感じる安心感と不安感

小学校低学年だけでなく中・高生も通っている.
中学になっても[redacted]で安心 → 小学生たちが感じる.

中学で実力発揮
高校受験も[redacted]で大丈夫 → 中学生が感じる.

高校で実力発揮, 日頃から話してる先生の言葉通り.
高校生になっても[redacted]で安心 → 高校生が感じる.
中学生たちは憧れる.

Date　　No.

成功すれば自分に自信がつく そして周囲が
その力を認める。その結果もう少し大きな革新に
取り組む。その「好循環」を生かして徐々に
大きな革新に挑戦していく。
[redacted]の教室でのFB運動と同じである。
FBは、もはや時代の波 [redacted]だけの公文用語ではない。
FBでやる気をひき出す指導に徹する
どうすればやる気が出るのか!
① 自分の可能性を信じる。自分はすごいぞが大切。
② 興味のわくものや やることに意義を見つける。
③ やり続けること。

やり続けていくうちに必ずおもしろくなり ますます
意欲が出る。
これらは子供たちが主語で考えたこと。この気持ち
を持ち続けられるように指導者は FBをする。
人と人とのやり取りを通して思考し学習能力を
発揮する。学習能力は(人間の脳)
相互によって、すなわち対話の中で最も効率
よく働く。

Date　No.

一人ひとりのちょうどを見る目を失わない。

教材を熟知し、使いきること。

どの子も伸びると信じ、情熱を持ち続けること。

考え方 × 熱意 × 能力 = 結果
(ハンドル) (アクセル) (エンジン) → 走行

スタッフの協力があって想いや願望を実現させることができる。

あの上司なら命令されたいと思わせることができるリーダーになりたい。


FBでさらに[redacted]の進化を

やまびこ213号にFB第2ステージの実践とあった。

今企業も事業の革新や創造が不可欠
なぜなら、ドッグイヤーという言葉に象徴される変化の激しい社会で、どのような事業分野でも「仕事の仕組み」や「事業の方式」を市場や社会の変化に合わせて変えていかなければならなくなっているから。

事業の革新 それは「好循環」いわゆるフィードバックのスタイルと言われている。

最初に1つの革新に取り組む。それが

3. Missom 使命

Date　No.

I.Lの会　やる気と面白さをプロデュースする会

発足した理由

目的と効果

[redacted]はわかりにくいので数字(データー)と言葉で
客観的な説得材料をうまく使う。

入会時の説明

学校教育の今を伝える。

学習指導要領の基本的な考え方
教材中心の考え方で教材の配列と学習に
対する態度が中心で学力がどのように構築
されていくのかという視点はない。
相対評価から絶対評価へ
自分の力を正しく認識する

だから[redacted]におまかせ下さい。
勉強はそれ自体が目的ではない
自分の夢や目標のために勉強がどう役立つのか
理解すれば子供たちは納得して勉強を始める。
勉強する意義を「納得」させると同時にその子を
「信頼」する。生徒は先生を信頼する

Date　　　　No.

[redacted]はやる気を起こす教材である。　なぜか!

①自分のペースでできる。
②少しずつ難しくなるので達成観が味わえる。
③くり返すことで自分がわかる。
④習慣化されて学習がらくになってくる。
⑤いつの間にか難しいレベルに達成することができる。

これが[redacted]の秘密。プログラム教材の原理

よい継続はよい体質をつくる。

とにかく続けることが人格を鍛えることである。
凡人がすごい人間になれる方法は、
継続して自分が生まれ変わること。

岡山大工学部　機械工学科

10年にして結果を出した。

発想型技術者を育成する
豊かな想像力によって→自ら考え
旺盛な課題探求力によって→自ら発言
優れた問題解決能力によって→自ら行動する。

5. Heading for the future 今後の課題

今日本が危ない

少子高齢化 年金問題 郵政民営化 日中問題
犯罪の低年令化 学力低下 景気の動向
山積する課題

一番の原因はどこにある。人こそすべて 戦後60年にして教育の荒廃がもたらした結果

もし 1年後を考えるなら 米を植えなさい
10年後を考えるなら 木を植えなさい
100年後を考えるなら 人を教育しなさい。

「国家100年の計」昔から言われています。

松下政経塾
国家100年の計 の想いで松下幸之助が設立した。
日本が繁栄するための条件は政治がしっかりすること。
目先のことではなく 100年先まで考える政治家を育てる必要がある。大でいい本物の政治家
新しい人間観に立ち 国家100年の計を持った政治家が欲しい。

[redacted]は、目の前の子ども育てることが世界平和にと
大きな目的がある。

Date　　No.

納得と信頼の関係が成立すれば
やる気パワーを遺憾なく発揮し劇的に変わる

想いのこもった教室だより
[redacted]の崇高な教育観 哲学を伝え続ける。
読まれる→話題になる→考えさせる→行動を起こす。
4つの広報目的を明確にする。
1. だれが 2. 何を 3. 何のために 4. だれに 伝えるのか!

4. Discorering the potential of the children
多くの指導事例を持つ。　可能性の発見
優秀児
早い入会で継続　継続することで人格的に
立派になり、高校で特別できるようになる。

学力不振の中学生入会
学習日が勝負 家庭学習に期待しない
中学生の今実状 家庭学習 0時間 3割
テレビを見る時間は3時間以上 世界一

Date　　　　No.

今、本当に問われることは

全力を尽くして敗北し失敗に直面した時
自分を支え得る思想哲学を持っているか!
年間3万人以上の自殺者がいる現状

① 失敗しても必ず立ち上がり歩みを止めない強さ
② 失敗を通して成長し続ける強さ
失敗は最高の学びの機会
イチロー　　一を十に変える力

Date　No.

OECD（世界経済協力開発機構）
高校生の学力低下 読解力の低下が著るしい
日本の考えている読解力と 世界で言われる
読解力とは違う。すべて記述する。
[redacted] 国語の優位性
[redacted] 英語の優位性

教室間格差の是正
文科省が[redacted]を真似た指導を展開し
始めた。[redacted]導入校も増えている現状
本家本元の[redacted]教室が力不足では
日本を救うどころか研究会が危ない。

日本の経済動向を知り 教育情報に
敏感に反応し 子どもたち一人ひとりと真剣に
向き合い 学年を越えて学び続ける子ども
たちを1人でも多く育てていく使命があります。
志を高く強い意志で[redacted]の軸のぶれない
指導をやり続けていきましょう。

Date　No

成功の秘訣 ―→ ユーモア

決心したからには 実行すること

成功に欠かせない要素は 勇気 人の気持ちの中にある

勇気とは 何かをやりとげようとする意志

意志の強さとは 集中力以外の何ものでもない。

自分の考え、望み、計画、思案、決意を
管理できない者が 最大限の成功をおさめられる
はずがない。

特定の話題や考えに焦点を合わせられない
マイナスの話題や考えから離れられない
} 意志の弱さ

自分(成功へ運ぶ列車) ―→ 優秀な機関士

私は道を見つける。道がなければ 道をつくる。

目標を高く設定しておけば 少しばかり
及ばなくても 多くを達成することができる。

挫折とは、自分の能力に疑いを持つから。

2006年 5月22日 伴道場 1回

英語を突破口に生徒増を図る

指導者事前提出の課題

集中力

中高生指導

教材の使い方 終了テストの見方

やる気を出させる生徒対応

保護者対応

公式英語の優位性

英語の勧め方 生徒増

英語の学習姿勢の確立

伴の仕事に対する姿勢

年令の低い子の指導

能力の低い子の指導

教室だより

指導事例

Date No.

伴道場で 私達が学ぶこと 目指すべきものとは.

一人一人が「自分は誰なのか」と考える

「公文の指導者である」 このように考える帰属意識を

明確にすることが 今よりもっと大きな仕事ができるはず.

最も帰属意識が高かったのは徳川家 三河武士

傑出した豪傑がいるわけではないが日本犬のごとく

主人に忠実であった.

信長 ─ 前田利家
　　　 柴田勝家
　　　 丹羽長秀
　　　 九鬼嘉隆

秀吉 ─ 加藤清正
　　　 福島正則

信長や秀吉のように実力のある家臣がいるわけ

ではないが! 傑出した実力を発揮できたのは

帰属意識で一本にびしっとまとまった家臣団が

いたから.

スカラー ではなく ベクトル であった.

scalar　　　Vektor

2006.

7月10日(月)　伴道場 2回

No.

帰属意識

事前提出された質問

夏期特別学習を成功させる

保護者面談

PR方法

併習の勧め方

学習枚数up、進度up

中・高生指導

宿題のとらえ方

幼児・低学年指導

スタッフ育成

躾

伴先生の情熱は、どこから

Date　　No

現在学校現場を早期退職する教師が増加

公と私
収入と支出 〉等対立と調和のバランス
二極化の現状

学校は学ぶ楽しさを教えるところ

「勉強は楽しい」「素晴らしいことなんだ」とプラスの気持ちで喜べる感情体験が必要

① 新たに物事が分かるようになったり解き明かせる方法を獲得する満足感 → できる。

② 学習の場で友だちと支え合っていることへの安心感
協力

③ 目的を持ち問題解決の方法を見つける自己決定感
判断力

④ 学んだことが後の学習や自分を成長させることに役立つという有能感　努力の大切さ

⑤ 驚き美しさ　不思議さなど学習で出会うものの値うちへの感動
無関心 無感動ではない。

identity

Date　No.

即ち アイデンティティーのはっきりしている
企業ほど強い。

創業者の話がよく社員に伝わっている会社

豊田佐吉の長男 豊田喜一郎
トヨタ自動車の創業者

確固とした柱、軸がなければ人は倒れてしまう
精神的にも肉体的にも不安定な状態になる

家庭教育の最重要課題 → 役割意識を持たせる。

未来を切り拓く力は、知力

知識 → 学校で教えるもの、本を読んで覚えたもの
知恵 → 先を見すえる洞察力

実社会で生活する上での知恵が必要

Date　　No.

「言葉の力」を基本的な理念に据える
全面改訂を平成19年度までに行う

一流と目される企業 ──→ 経営者の心のレベルが高い
①. 優れた人材を育てる (社員)
②. 社員同志のコミュニケーションを図る
③ 仕事と遊びを両立させる

経営者の条件
①社員を大切にする.
②顧客を満足させる
③利益を考える.

伸びる人材の条件
① 仕事が大好き
② 会社をとことん愛している
③ バランス感覚がいい.

平成10年にゆとり教育に改訂.
(1998年)
2002年 ── 3割減
2005年 ── 変更

Date　　No.

教師に求められる三つの力

① 高い指導力

② 生徒対応力→短時間で対応できる力
生徒の気持ちを短時間でつかむ

③ 保護者対応力

個性を伸ばす教育。親の高い要求
すべての現象に対し優先順位をつけ
自分を見失うことなく相手を納得させる力が必要

一番知りたがっている事。やってほしいこと 勘所を外さない対応が人心のつかみ方

世界一の高齢化社会（65才以上の人口の割合）
イタリア　20.0%　　日本 21.0%

ゆとり教育で「学力の二極化」の進行「学力低下」等。

平成19年までに小学校英語教育必修化 小学校低学年の授業時間数の増加。国語に重きを置き

保護者とのコミュニケーション　Date　No.

ビジョンと価値感を伝える。

私たちがどんな子どもを育てたいのか。
それはなぜか！どうやって実現するのか！
保護者と共有する

あなたのお子さんを、私たちはこのようにして
育てたいのです。あなたのお子さんはきっとそうなります。
その子に持っている愛情を真剣に伝える。
石に刻まれた予言ではないので、修正したり
スピードを早めたり、変化していくものである。

保護者の望みや、不安、ニーズに対して共感する。
なぜ教室に来たのか！入会したのか！
どんな結果を期待しているのか！

育てる

なんのために優秀児（最終教材修了生）を育成するのか

可能性を追求すること。

学力のみをつけるのではなく人格を育成すること。

素晴らしい人格と崇高な夢を抱いた子どもたちを育成する

Jet-plane progress

優秀な子どもは優秀な指導者によって育つ

良い教室は子どもの意志を育てる

低い出発点、FB、学習枚数の確保

教材終了テスト……　すべてが

子どものやる気につながらなければ意味がない。

指導力とは　子どもを観察する目

指導技術とは　自分の生徒がいっぱい学習したいという気にさせること。

Jet-plane progress は [redacted]と

可能性の追求をプロセスとして表現したもの。

析

育てたい子ども、つくりたい教室のイメージを明確にもつ。

自教室の生徒数をどのくらいにしたいのか。
進度上位者を育てたいと強く想っているか！
地域で[redacted]についてどのような評判をつくりたいのか
指導者はアシスタントを強化しなければ
これらの実現は不可能となる。

[redacted]は単なる計算塾ではない。
子どもたちの可能性を追求し
生きる力を与え、子どもやその家族に幸福を
もたらす。
すべての教室がこのような取り組みを
すれば[redacted]ブランドは強くなり世界平和
へつながっていく。

変わってはならないものの為に私たちは
永遠に変わり続けなければならない。

生徒と学習環境を観察する（現状分析）

生徒たちは

熱心に学習し、学習に集中しているか！

自立しているか。

アシスタントのサポートをいつも求める子なのか！

態度 顔の表情から 気持ちを察する

目標 Your goal を意識しているか

時間を書くことを忘れていませんか。

挑戦者ですか。

すぐボーッとする子ですか！

自分で書いたものを機械的に全部消しています

間違った箇所を慎重に見つけてそこだけ消している

教室でおしゃべりばかりする子か！

ガムやおかしを食べていませんか。

しつけはきちんとなされていますか！

教室は自分自身の価値観を反映するもの

実現しようとしているものを明確に伝えるところ。

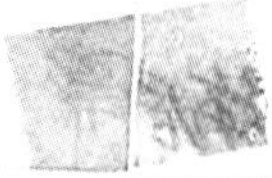

中学・高校の内容につながる幼児指導

No.

今[redacted]では 子育てちえぶくろ

子育てちえぶくろ の意味

正しい 順番 は 世界平和につながる

いいお母さん→いい子供→いい大人→いい社会

子育てに早すぎるという言葉はない

課題 ○いい先生を どう育てるか

○専業主婦 以外のお母さんに どう伝えるか!

○清々しい 志を どう正しく伝えるか!

30年間のゆとり教育の失敗が教育崩壊を招いた。

日本の教育は 目標設定があいまい

「愛国心」が教育基本法に盛り込まれた。

子どもが どういう状態になったら 愛国心が身についたことになるのか。という定義があるかどうか!

英語

2009年度から始まる小学校英語（5.6年）

2008年度 全国で英語重点校約550校で
四月から先行使用
「英語ノート」（教材名）
聞く、話す、に重点を置き 書きは学ばない
英語でのコミュニケーションに慣れさせるのが目的
発音の手本を録音したCDつき

小学校英語で学ぶ主な表現

	問い	答え
5年生	How are you? C.11	I'm fine.
	Do you like soccer?	Yes, I do.
	What do you want? D101	A yellow lemon, please.
6年生	When is your birthday? E61	January.
	Can you play the piano? H11	Yes, I can.
	What do you want to be? E151	I want to be a nurse.

参拝客は景気回復を願って長蛇の列。
その経済効果は土産物の売り上げだけでなんと
280億とか 実は私もその伴道場成功
の必勝祈願で行ってきますよ。

公会長の思想哲学、教育法の増々の普及、伝達者
として全国各地で[redacted]教室は展開されて
いるわけですが教室間格差、指導者間格差が
大きいというのも現実です。それぞれの教室・
指導者一人ひとりがどう変革していくか研究会の
大きな課題でもあります。
伴道場で目指す状態は再度お伝えている通りです。

○[redacted]の真髄を追求し、確信を深め、プロの
指導者としてこれからの[redacted]を担っていただく。
○3教科体制をより充実 指導力の強化
○地域の教育ステーションとしての教室発展
○1会場5名以上の純増を実現

2009.4.11(土)

広域伴道場 全局員 研修

伴道場開講に当っての意義と活動について

100年に一度の経済危機と言われている今
教育に携わる者への期待観は大きい。なぜなら
政治.経済 すべての根幹は人 人こそすべてで
あるから。日本の10年後 20年後を考えたなら
子供たち一人ひとりが日本を背負って立つ人財として
育てる本物の教育が求められている。まさに[redacted]
教育の使命 日本を救えるのは[redacted]しかないと
強く感じる。

この春から学校教育も新指導要領でスタートする
数学.国語.英語に充当し授業時間数が大幅
増加.小学1年生から5時間授業がある。
耐性の欠如している今時の子どもたち ついて
いけるのでしょ〜かね。

[redacted]には、やっててよかったと実感できる改訂となります。
長野県の善光寺 7年に一度の御開帳 それが
丁度今年なのです。経済状況の悪い時に御開帳
本当に御利益があるのかもしれませんね。

○[redacted]に対する確信が持てていない。
○どうすれば生徒がふえるの。
○中学生に継続しない。
○自学自習ができない子が多い。
○学年を越えると、時間がなくて学習枚数がへる。
○単科生が多い、国語、英語をふやしたい。
等々、岡山で3年間活動した時の課題と何ら変わりはない。


教室だよりに至っては、金太郎飴、教室だよりの素の切り貼り。ひどいのは縮小していっぱい、いっぱい情報提供。新聞も読んでもらえるように活字が大きくなっているのに。

まず教室だよりの位置づけが、理解できていない。

局員の方々、自分の担当の教室の、教室だよりを見られた事ありますか！

Date　No.

ただ単に生徒数を増やすとか 子どもの能力を
伸ばすという目に見える現象だけでなく
人として、どう生きるか！人間の本質を世の中に
正しく伝え 個々の能力の可能性を追求し
能力の高い人間を多く作り輩出する。
優秀な頭脳の持ち主がいて 経済危機
脱却、環境汚染の解消、科学技術の発展 等
さまざまな問題を地球規模で解決して
いく方向を見出せると思うのです。
この広域伴道場の使命は、これら
すべてを包含する志の高い 実践活動なのです。
伴道場開講に当っての指導者の意識調査を
かねた事前課題レポート、教室だよりの提出が
義務づけられていました。
その結果見えてきた事を、全局員で共有したい
と思います。

目標が設定されると、やらなければならない事、
やらなくてもいい事が明確になる。
[redacted]教材がまさにその通り。高校で特別
できるようになる為の教材であるため代数計算に
しぼって、ホ-6丁を目指すわけです。

1人でも多くの先生たちを巻き込み大きな成果を
上げましょう。大きなうねりを作りましょう。
アメリカの大統領オバマもChangeで支持を
勝ち取りましたね。
2009年は、中、四国ゾーン3Cで勝ち抜きましょう。
1. Change そして 2. Challenge
3. そのための Communication
NHKの大河ドラマ、天、地、人にあやかって、
今こそ天の時(会長の声)地の理(中、四国ゾーン)
そして人の(輪和)愛と情熱で、絶対
伴道場を成功させる。全力で勝負しましょう。

先生方の意識は、この様です。では
各局の参加状況は、どうなのでしょう。

11事務局中 4事務局が 1ケタのパーセントです。
これで指導者の意識改革可能でしょうか！
局員の方々、研究会の現状
① 今自分が何をしなければならないのか！
何がしたいのか！
② その先に何を目指しているのか！
③ 事務局を、どう動かし変革していきたいのか！
こう考えた時 平均的な人間はいらないという事
「鳥、虫、魚の眼」を持つ人間
鳥の眼 → 全体を高く広く見る力、状況把握力
虫の眼 → 足元現状をつぶさに確認分析する力
魚の眼 → 流れを読んでそれに乗り、戦略思考力

伴道場第2回　2009. 6月10日(水)

君子は豹変する.　7月 1日(水)

事態の速い展開にいつでも即応する準備をする.

「へたな考え休むに似たり」

[redacted]の夏に勝つための スピード思考をきたえる。

事前課題レポートより.

① こんな風に変えました.（広島）6/10.

○教室だよりを変えた.

○生徒対応 → 一度に来た時に今日はこの子を観察する.

○英語学習席の設置.学習手順を変えた.

○「やる気.一気に10枚」と書いて掲示した.

○電柱看板を出した.

○スタッフの役割分担を徹底するようにした.

○英語の専任スタッフを雇った.

○教室のレイアウトを変えた.机.椅子を購入した.

○エプロンをとってスーツにした.

○最終教材まで頑張ろうと声かけをした.

○保護者にハンデングをしてもらった.

○即採点にするようにした.(当日分.宿題)

○自分自身の気持ち.心が変わった

○[redacted]と世界平和との関係がわかった.

○伴先生の話を聞いて目が覚めた.

教室だよりが書けない をどう解決するか
読んでもらえる文章を書くために → 相手のことを考える.
文章とは 何度も推敲しながら書くもの
完成された思考を表現するのではなく思考を完成させる
為に書く → [redacted]の思想哲学を自分の中に確立させる

まず無秩序に書き始める, 思いつくまま
何度も読んでみて つながりは どうか 考えの薄い部分は
ないかを 客観的に見て この文章は 何の 誰の
どのような利益に向けて発信しているのか の意義は
認められるか 検証する.
そして ①読まれる ②話題になる ③考えさせる ④行動を起こす.
の広報目的が実現できる教室だよりの完成を
常に心がける.

利益とは → 信用を増すこと.
効率化 も利益となる.(学習効果)

問題意識を読み手と共有できるような文章を作る.
その為には 箇条書(P.81) 比較(P.111)文も有効
文章の最初と最後は 印象に残るような工夫が必要
だから タイトルは 命
タイトルの一言に文章の目的がすべて集約されている.
タイトルは 文章の結論でもある.
文章力ではなく決断力で書く 単なる情報集収係
が報告書を作成しているのではない.

② こんなところがよくわからない。

○[redacted]の思想哲学がよくわからない。

○保護者に対してはっきりした態度を取れない

時間が守れない、宿題の協力

○情熱で対応しても親を変えることができない時どうするの

○子どもの言いなりの親の対応

○教材進度が上がると枚数がへる。

○一教科でも時間がかかるのに併習は無理。

○英語GIから訂正が一度でできない。

○英語をするとがさがさしてさわがしくなる。

○三教科は子どもが大変だと思う。

○体験から入会へどうつなげたらいいの

○親の経済力で併習は不可能

○中学で点数が取れなくて他塾へ行く

○中学生の学習意欲を高めるにはどうすればいいの

○信頼される話術とは

○教室だよりを自分で書いたがなかなか書けない

○意欲を持ち続ける秘訣

自分自身の可能性率を拡大増強する

[redacted]の指導者は勉強する集団
[redacted]の使命は個人別教育によって世界の教育の潮流を変え優秀な人材の育成を通じて世界平和に貢献する。
その為には[redacted]に携わる全員が勉強する集団として教材や指導法を研究勉強しなければならない。

日本経済が凍結している今こそ自分を磨くチャンス

これはダメだと思ったり感じた時にやるのが勉強としてとらえられているが、将来の為困まらない内からやっておくのが勉強の本質
散歩から急にマラソンは走れない。
今小型車がよく売れているが、3000 ccの車も 450 ccの車も時速 100キロで走る分は問題ないが長時間の高速クルージングでは自力の差がある。ましてや坂道、山道を登るとなると 3000 ccの方が余力がある。
勉強をして可能性率を拡大、増強するということは、車でいうと、排気量を大きくすること。小さなエンジンをやたらふかしても実力がないからどこかで息切れする。

こんな指導者になるといいね。
for me ではなく for you の精神

1. プレゼンスが美しい(存在感がある)
2. 人間力が高い
3. 体力、精神力すべてタフ
4. 情が深く他者への配慮がある
5. 愛嬌があってかわいい
6. 知的でエレガンス
7. 自分生き方、キャリアを持ち人生を美しく生きている。

不況知らずで発展し続けるために
厳しい時代は本物の実力をみがき蓄えるチャンス

公文の指導者は、すべて事業家（サービス業）あるものは大規模
あるものは小規模、はたまた兼業的であったりする
その間に甲乙の区別はつけられない。なぜなら
目指しているもの、志、使命が同じであるから。

では、どうして事業家の上下、高低ができ、何によって
決まり、評価されるのか
一言で言うなら事業家の人格そのものが反映されて
いるか、どうかということ。
事業というのは一個的、突発的なものであってはならない
スタートはそうであるかもしれないが、昨日より今日
今日より明日というふうに連環で絶えないもの
過去・現在・未来と続かなければならない。
その為に　常に①「改革、改良、修正の工夫を怠らない」
②「時代の需要・要請に即応し古い考えを捨て
新しい発想を打ち出す」
③「企業方針、戦略、制度の精選、刷新に留意する」

一個人の利益と一団体の利益を一致させ　さらに一国の
国益を併せてはかる道筋で尽心尽力する表裏一体
内外一致で大成果を実現する。さらに世界規模で
利益をはかる　一個人の可能性率の拡大、増強は
一個人の利益に止まることなく社会にとっても地球
規模で有益な一大要素である。

④ 学力と作業量との関係に着目

クレペリンテストで作業力が見られる。

他塾にはない　にしか存在しない完成時間

完成時間の観念は、中学・高校で生かされ

社会人として評価されるようになる。

初期指導で集中力・持続力をきたえる。

時間についてちょっとおもしろい考え

国語GI 111　アインシュタインが考えたこと（相対性論）

アインシュタインは1879年ドイツに生まれる。

丁度エジソンが白熱電球を発明した年（D2 161）

明治政府がまだ完全に確立されず西南戦争が起きていた年。

重力弱い
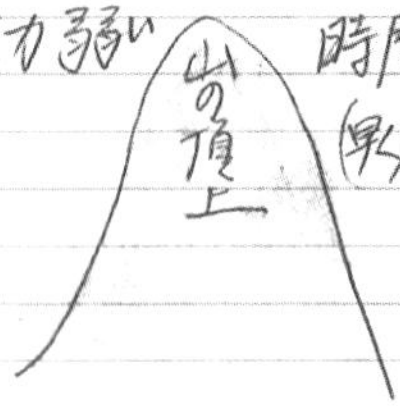

時間が速く進む。
（早く老人になる）

地上

重力弱い　時間が速い
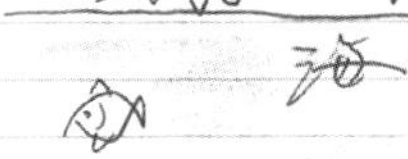

重力強い地上

時間がゆっくり進む
（長生きする）

海底
重力強い。時間がおそい

かぐや姫（平安時代初期）

浦島太郎 伝説

それらにかける時間は浪費なのか消費なのか
時間を有効に使い、時間を操れる人になる

人間に関することで時間を伴わないものは何一つない。
世の中で最大有力なものは時間。その時間に支えられた
生活をしている中で時間にふり回されることなく
貴重な時間を有効に使って無価値にしない。

集中力と持続力が命。スキマの時間の活用

[redacted]の学習も同じ 標準完成時間がそのためにある。
時間を貯金する事はできないが、時間を学力に変えて
貯金することはできる　学年を越える意義がそこにある。
[redacted]に消費される時間と金は浪費なのか投資なのか。
[redacted]の会費は生命保険の代わりになる 即ち投資である。

では、[redacted]の標準完成時間について考えてみましょう。
そこには[redacted]公会長の熱い想いがあった。

① 生徒が問題を解くスピード
高校の数学教師時代の経験から学力が十分
身についている生徒ほど問題を解く時間が速くミスも少ない

② 学力の定着を客観的に計る基準
学校や家庭では、一人ひとりの子どもについて
適切な練習量や習熟度を見極める
明確な基準がない。

③ 時間が学力を測定する要素になっている
学校のテスト、諸々の試験は、すべて時間で
管理されている。

不況知らずで発展し続ける[redacted]であるために
[redacted]の指導者は、すべて事業家（サービス業）あるものは大規模、
あるものは小規模、はたまた兼業的であったりする。
その間に甲・乙の区別はつけられない。なぜなら
目指しているものが志、使命が同じであるから。

ではどうして事業家の上下、高低ができ、何によって
決まり評価されるのか。
一言で言うなら事業家の人格そのものが反映されて
いるか、大きな夢、目標がある事業であるかということ。

事業というのは一個的、突発的なものであってはならない。
スタートはそうであったかもしれないが、昨日より今日
今日より明日というふうに連環で絶えないもの
過去、現在、未来と続かなければならない。

その為に常に①改革、改良修正の工夫を怠らない。
②時代の需要、要請に即応し、古い考えを捨て
新しい発想を打ち出す。
③企業方針、戦略、制度の精選刷新に留意
一個人の利益と一団体の利益を一致させ、さらに
一国の国益を併せてはかる道筋で尽心尽力する表裏一体
内外一致で大成果を実現する。さらに世界規模で
利益をはかる。一個人の可能性率の拡大増強は
一個人の利益に止まることなく社会にとって地球規模で
有益な一大要素である。

「親の言うようにはしないが親のするようにはする」のが子ども

教育は信頼関係の構築

信頼されるために　絶対手抜きをしない　全力で対応

言行一致

言葉以外で影響力があるのは　自分の行動

相手は、あなたの言葉ではなく行動を見ている。

自分が信じてもいないものを他人に信じてもらおうなんて

虫のいい話

自分が本気で信じ確信を持っているから言葉に勢いがある

リスクを背負っているから　言葉が強い

信ずる心が奇跡を生む

うちの子はちっともやる気がない

やる気は自然に出てくるものではなく　出させるもの。

環境であったり、声かけであったり、その子にちょうどの

対応　学習の内容　多くの要因が考えられる。

の学習を継続することで　どんどんやる気が出る

①、結果の魅力

② 結果の望ましさ

③ 結果から予想される満足感

④ 結果の重要性

物にはすべて順番があるように　結果そのものは

すぐ手に入るものではなく　やってみなければわからない。

ゆとり教育が残したもの
学力低下だけではない。
学力低下とは、礼儀を知らない。協調性の欠如
流行への盲目的な従順（個性がない）
知的レベルの低下　向上心の欠如など
指示待ち人間が多くなった。次の一歩がふみ出せない。
小学校受験　中学受験を経験し規格化
された生き方を小さい時から余儀なくされた。
草食系人間が多いとやゆされる現代
日本を救う道は教育で人を育てる方法しかない。

将来企業家になりたい
2005年 ― 29%
2009年 ― 8%

L 38〜40

列子「杞憂」に学ぶ

杞という国に天地が崩れ落ちて身の置き場がなくなってしまうのではないかと不安にかられて心配のあまり寝ることも食べることもできなくなってしまう。

杞の男の心配事（憂）なので「杞憂」という熟語が出来た。


この男の抱いた不安に対して ある人は「天は大気の集積したもので大気のない所などない。身体を伸ばしたりかがめたり、息を吸ったり吐いたり、というようなことを一日中天の下で自在に行っているのだ　どうして天が崩れ落ちるなどと心配することがあろうか！」


またある人は「天地が崩れて来ないかと心配するのも先走り過ぎだし、崩れないと言い切ってしまうのも正しくない。

天地も崩れざるを得なくなれば崩れてしまうだろう。

もしその場面に遭遇してしまったらその時心配すればよい。」


これらの話について列子はこう論評している。

天地が崩れるというのも間違いなら、崩れないというのも間違い。

崩れるかどうかなんて人にわからない。崩れる崩れないというのは物事の相容れない両面の一端。生きているうちは死のことはわからない。死んだ後に生きていることはわからない。

未来から過去はわからない。過去から未来もわからない。

崩れる崩れないも同じことそんなことで心を悩まさない。

一つの解答を与えることは決してできない。そもそも人間にはわからないことだらけ。そのような問題を議論すること自体がナンセンスである。


人々の拠《よ》って立つ基盤（社会）は予想を超えてダイナミックに変化する。

どんな時代にも即応する人間力（基礎学力）を[illegible]で磨く。

10/21(水) 岡山

教室で日々生じる問題も
問題は何か　what

ビジネスは問題解決の連続。人生とは問題解決の連続である。

一番大切なのは 自ら動く 自分で問題を解決しようとする主体性。

問題とは

トラブルや事故などの既に起きてしまった望ましくない状況だけを指すのではない。
目標や課題、願望、将来像など「こうあってしかるべき姿」と現状とのギャップはすべて「問題」である。その意味で問題解決とはギャップを埋める作業であり、あるべき姿を実現する作業と言い換えられる
勉強も同じ

自学自習 ワンランク上の挑戦へとつなげていく。

伴道場 第3回（広島） 9/30（水）

小が大に勝つための実践

今はまだ小さいけれど この言葉は 子どもにだけ当てはまる 言葉ではない.

自分たちを取り囲く環境は 日々 変化

人が 一日に自然に出会う情報は約 500以上と言われる.

家を出て まずは 周囲の景色 駅の看板

車内の広告 人々の行動.会話 などなど

常に 問題意識 を持って 対応.見聞 する姿勢が重要

これらすべてが 今後 起こりうるだろう問題解決のヒント となりえる.

より望ましい結果を求めて働き.サービスの提供を行う.

ところが この多くの情報が氾濫する中

教室運営上最も重要であるものであるかどうかを聞き分ける力をきたえる必要がある

常識的には多くのすべての情報を蓄積しておかねばならない

真の情報 なのか 雑音 なのか ——→ 絶対聴力

情報というものは 人を介せば介すほど人の解釈や都合によって 変化して伝わっていくもの. それを知って

真の価値 ある情報を,現実的最善の判断で

直面するその場その場で即断即決する 絶対聴力をきたえる.

数学盤と数書ノートを併用させた方がいいの。
家庭の協力がないので宿題をしないから進まない。
家が乱雑で親に注意されない。
勉強がとにかくいやな子　どうすればやる気になるの。
小4　A教材。
文章題のとらえ方
初出箇所の指導法
高学年入会のやる気の出させ方　9月入会の中3生。
受験サポートはどうするの。

算数　数学が苦手な子は代数　計算力が弱い子

高校生の8割　学校の勉強がきつい。(2009. 2/24)
中高生ギャップ大きい数学
乗り切る頭の体力　肝心　(2009 8/3)
高校数学では、ちょっとした間違いが大学受験の合否を左右
高校では、ますます基礎基本が大切。　(2009. 10/19)
何度も同じミスをくり返さない。

各教科で指導上困まっているところ

算数・数学

4A　数書をイヤがる
4A 101 から 3A 70まで

3A～A を 10枚学習させるには 早く通過させる方法
A　ひき算ができない

4A～F までで 絶対押えておかねばならない箇所
B　くり上がり くり下がりが なかなかできない。
C　九九が覚えられない
D　帯分数 仮分数 への変換の指導法
約分の強化方　D181、連除法

E　最小公倍数が パッと みつからない
時間がかかりすぎる
D、Eが むずかしくて 進まない
181 の小数が できない。

F　四則混合 ミスが多い
H　連立方程式が なかなか 進まない
J　すらすらできない 枚数が減少

正の整数（0は含まない）→自然数

国語力低下が学力低下の原因

全国学力テスト無解答への考察（学校側）

1. 書く習慣不足
2. 書く意欲の低下
3. 解こうとする姿勢　考えようとする姿勢の欠落
4. 説明力　表現力の低下

読むことは書く為の必要条件。　読んでいない限り文章は書けない。　記述する為に読む

読む事と書くことは表裏一体　読解力記述力は訓練で向上する。

読み方

正確に読む。　全文を通読する

わからないところがあっても　何がどこにあるか知るために全部読みきる。

全部読んだ後　重要論点、結論は何か考える。

音読→精読→速読　受験には絶対必要

黙読　細かいところまで注意して読む

説明　記述力を身につけるのが[redacted]国語

国語

幼児がなかなかひらがなを覚えない。なぞりは好き。
幼児B教材あたりから漢字嫌いになる。
低学年の漢字指導
語い力不足　読んでもわからないの連発
文章を読んでもイメージできない
読まない子が多く質問が多い
宿題を見ていないので　きちんとできていない。
誤字脱字が多く　正しく書けない。
自力訂正ができない。
Eの前のE5冊やっていますか！
C以下の音読チェックができていない。
自力読みができない子（学年を越えた子）
GI以降の質問の対応
GI以降学習枚数減少
高学年になる程国語を併習しなくなる
左ききを右ききに直したい。すいせん図書の感想文の見方
教材終了テストの不合格時の復習のさせ方
高進度なのに学校で良い点が取れない。
教材の良さが理解してもらえない。

ほとんど2回で進んでいるが1回で進める子がいるかも。

文法はどこまで教えたらいいの。

長期の休みの宿題の出し方

激教科目の英語から脱出できない。

GI以降の例題の読み方、活用法

中学生英語不安

中学2年生の英語嫌いの現状

全国中学2年生の6割　2009年8月14日発表

英語が苦手61.8%

将来は英語は絶対必要になるだろうと感じる71.1%

英語

2Aに進んで 6単語中 2単語しか読めない.
2回くり返しているんだけど
楽しいはずの英語が苦になっていく. 楽しく指導できない.
幼児で英語が読めるために 何をすればいいの.
A.B.C教材がむずかしい.(指導)
D教材に早く進ませたいけど なかなか進まない
進める基準がわからない.
音読バーに入らないの.
英会話に通っていた子が くせがついていて直らない.
CDを聞かない.
人間Eマスターでいいの.
宿題をしない子 どうすればいいの
英語専任スタッフがいないので指導が困難
終了テスト不合格で復習するけど又 不合格
幼児書きたくない子 どうするの.
低学年で高教材で時間がかかる.
教材終了のまとめ 191—200ができない.
宿題たくさんするけど 直しの山. どうしよう.
声が出ない子 どうするの

成功の秘訣は入会初期対応にあり。
入会初期指導がその後の生徒の成長を左右する。

数学―学力診断テストの出発点は高すぎる
B教材以降を順調に進んでいくための
スタートを切る。
幼児―数唱、数書のレベルはどうか！
小学生（低）―たし算、ひき算の暗算力はどうか！
筆算のくり上がり、くり下がりを書いている。
わり算ができるかどうか！
商に0を立てる理解。
分数加減、かけ算、わり算
四則混合

国語
幼児―一人読みができるか！書きはできるか！
質問の応答はどうか！
小学生―主語、述語、修飾語の理解
音読タイム、文末表現

英語―3.3.3学習の徹底
正しい学習手順を守った学習の継続
同じ公文の教材を使ってどう生徒を伸ばすか

時は金なり

貧富の差 能力の差 容貌の良しあし 学歴の上下

何もかも不平等

すべての人間に平等に与えられているのが時間

この頃時間に追いまくられている人間が多い

時間とお金は 自分の意志で自由にデザインするもの

お金を生むための最も貴重な資源は時間

何の為にという目標が見えてくると ムダのない働き方がわかってくる

目標は長期にわたり継続して達成していくもの

目標を達成する為には 徹底に持続 継続する

それに集中力　だらだらと自分に楽なような仕事をしがちだが　継続しなければ絵にかいた餅になる

時間は貴いものであるから むだに過ごしてはならない 自分の意志で有効に使って勉強に励めば必ず成功する それは、将来お金になって返ってくる

高生産人間になるための生き方

蛇は水を飲んでそれを毒とし 牛は水を飲んで乳とする 同じ物を与えられても それをどう活かすか！

釈尊の教え

日本の英語教育は100年も迷い続けている

グローバル化が急速に深化

日本人がなぜ英語が下手なのか.

「徳川モデル」を捨てきれていないから.

徳川モデル　とは.

鎖国　だから ① 日本語以外の言語は学ばせない.

② 日本国日本社会だけに通ずること

を大事にする.

早急に英語教育の見直しを議論し

5年間で完全実施しないと間に合わない

ほど間に合わない程 問題は深刻.

世界に通用する子どもを育てる

日本語(国語) → 思考力・判断力・表現力を磨く

自分の意見を持つ

何かに真剣に取り組む → 集中力

対人関係での → バランス感覚を身につける

きちんとした日本語を学ばせることが外国語習得の

第一の基盤

トヨタの品質・リコール問題から学ぶ

経済の様々な成長戦略

内需拡大　規制緩和・イノベーション・地球環境改善

これら一連の戦略で一貫に軽視されてきたのが

日本の現場　現場論の欠如が悲劇を招いた。

現場とは　人が人工物を操作しサービスを生む空間

現場の集合体が経済であり、産業である。

ムダをなくし、良い流れを作ることが

日本型ものづくり技術の神髄

現場分析から現場危機回避の重要3点

① 本社は現場の生きた動態を正確に把握する
現場評価能力を持つ。

② 現場は、自らの長期的なものづくり能力構築の
実態を正確に本社に伝える主体的努力を行う。

③ 国や自治体は、資本の内外、企業の大小を問わず
日本の現場を大事にする企業を支援する。という
明確な指針を政策に反映させる。

現場に最も精通する人材 → 即現場で判断

グループの基盤強化
市場動向に素早く対応 → 小さなトヨタ

これからの人材に求められる力. 学識 見識 胆力 精神力

判断力

時間を有効に使い時間を操つれる人間を育てる

他の学習法と公文式学習はここが違う.

標準完成時間

何でもやってやるぞという精神力

集中力と持続力が命

時間を貯金することはできないが時間を学力に変えて貯金することができる. 学年を越える意義がある

集中力を増す仕かけ

集中力を増すには脳の仕組みを知る

もう終わりと思ったら脳のパフォーマンス集中力は低下

自己報酬神経群という部位が活性化して結果を出す.

「ごほうび」が得られたという「結果」によって活性化するのではなく「ごほうび」が得られそうだという「期待」によって活性化する.

アスリート達の共通項

「まだまだたくさん努力が必要」「まだまだ課題がいっぱい」と目標を高くすることで集中力、やる気は持続する.

自己の限界を求めさせる → 可能性の挑戦

簡単に手の届く目標にコツコツ努力はしない.

日々の教室運営、生徒指導で避けて通れないもの

時間という生き物をどうとらえるか

買えない 雇えない 価格もないが実際は高価

簡単に消える 蓄積もできない よって常に不足している

他のモノに代替ができない 人間に一生つきまとっている

これなしで生きていられない

人によってふり回されたり、操ったり 長短も人それぞれ

それが時間

時間を管理できない人間が企業経営に成功するわけがない

不用な時間を切り取り捨てる勇気

時間管理は仕事の優先順位を決定することから

過去から引きずっている問題は捨てて

未来のチャンスに賭け 他人と同じではない

もっと上を目指し 勇気を持って決断し

時間を味方にする充実した人生を目指す

「時は金なり」の精神

高い志が学力をつくる

面談　学力診断テスト結果から見えるもの
正しく評価・分析し　何ができていて
何ができていないのか　このままいったらどう
なるのか　＝教科の重要な学習課題
中学・高校でできる子に育てるために　今
取り組むべき事は何か　明確に伝える

人は数字を使ったデーターには弱い
全国統一学力テスト　結果　学習状況調査結果
高校生の学力（世界経済協力開発機構OECD）
読解力は世界で最低レベル
これらの結果より　教育改革がなんと40年ぶり
内容としては1.7倍もの量にふくれ上がった
小学校　2011年　中学校　2012年より実施
県立校校一般入試（2010年3月実施）
5教科平均53.5点、　表現力に課題
前年より　5.9点低下
自分で考えをまとめ　わかりやすく説明表現する力
が弱い。

伴道場 第2回

教室発展から成長へのステップ

[redacted]の教室（指導者）に何を求められているのか.

生徒・保護者は[redacted]学習を通じて学力（能力）の向上を期待して入会する.

普通児を優秀児に育てる 指導者は保護者生徒の期待に答えることが使命 その結果[redacted]の教室は信頼が向上し結果的に教室は発展する.

一時的に教室が発展することではなく[redacted]が本物の教育であるならば恒久的に教室は発展し研究会は成長を続けるはずである.

小1C 小6J 運動も世間に伝える一方法.

成功のカギは入会初期指導の徹底にあり.

全員入会して頂くための心構え

入室　保護者・生徒が初めて教室へ一歩足を踏み入れた時 一瞬でここは勉強する所であると認識される場所であること.

学力診断テスト　幼児・小学生は数・国二教科のテストを実施. 中・高生は当然三教科.

学力診断テストの見方.　学力を正しく分析する為に複数のテストを実施する.

普及率 ── 生徒滞留の為の必要条件

- 生徒との契なくして教室の存在はありえない。
- 学習の雰囲気作り
- 情熱を生徒に示す。
- 学力の効力感（教材の与え方　目標設定）

目標なくして努力なし　努力なくして成果なし
成果なくして満足なし　満足なくしてやる気なし

- 進度を先生が管理しているか！
- 地域に根ざした教育活動

夢は目指した時から目標に変わる。

中学生入会でも　高校生入会でも
その子の希望校へ進学させる指導力

中高生指導について負担に思われるもの

1. 枚数・宿題・進度がはかどらず効果が上がりにくい
   常に真剣勝負
2. 教室の終了時刻がおそくなる
3. 生徒・保護者の要求が即時的になり指導が困難
   （学校の成績向上等）

P28

保護者の立場にたって考える

保護者対応

教室行事で自分の思いを強く訴える
人間性まで変える[redacted]と他塾との路線の違いを
明確に伝える

父親参観日 ― 父親がしっかりとした教育感を持っているかどうか

教室イベント

- [redacted]の活動を正しく総合的に伝達する場
（他塾攻略）
- 目に見えない音のしない学力を目に見えるようにしたり
音にに伝える
- 感じさせる場

親に信頼を与える、生徒には喜び

指導者には
信念、情熱

親が考えているいい塾、先生、

- 講師、先生の評判が良い
- 通いやすい
- 教育に情熱がある人
- 専問的知識が豊富

賢い子は作られる

妻として、母として、学習塾講師として
貫いた熱き想いの回顧録

2023年 6 月30日発行

著者　伴 節己

発行　吉備人出版

〒700-0823 岡山市北区丸の内2丁目11-22
電話 086-235-3456　ファクス 086-234-3210
ウェブサイト www.kibito.co.jp
メール books@kibito.co.jp

印刷　株式会社三門印刷所

製本　日宝綜合製本株式会社

乱丁本、落丁本はお取り替えいたします。
ご面倒ですが小社までご返送ください。
ISBN978-4-86069-702-0　C0037